KÖNIGS ERLÄUTERUNGEN UND MATERIALIEN
Band 451

Textanalyse und Interpretation zu

Heinrich von Kleist

PRINZ FRIEDRICH VON HOMBURG

Dirk Jürgens

Alle erforderlichen Infos für Abitur, Matura, Klausur und Referat
plus Musteraufgaben mit Lösungsansätzen

Bange Verlag

Zitierte Ausgaben:
Um mit verschiedenen Ausgaben arbeiten zu können, wird nach Versen zitiert, die in der Regel bei allen *Homburg*-Ausgaben ausgewiesen sind. Textgrundlage dieser Erläuterung sind der Band des Hamburger Lesehefte Verlags und der Band des Reclam Verlags, in dem das Widmungsgedicht enthalten ist:
Heinrich von Kleist: *Prinz Friedrich von Homburg. Ein Schauspiel*. Husum/Nordsee. Hamburger Lesehefte Verlag: 2010 (Hamburger Leseheft Nr. 41, Heftbearbeitung: F. Bruckner und K. Sternelle).
Heinrich von Kleist: *Prinz Friedrich von Homburg. Ein Schauspiel*. Anmerkungen von Bernd Hamacher. Stuttgart: Reclam, durchgesehene Ausgabe 2001 (RUB 178).

Über den Autor dieser Erläuterung:
Dr. Dirk Jürgens studierte Germanistik und Geschichte an der Westfälischen Wilhelms-Universität Münster und promovierte 2003 mit einer Dissertation über Hermann Hesses Roman *Das Glasperlenspiel*. Neben einer Monografie über die Theaterstücke Thomas Bernhards veröffentlichte er außerdem Aufsätze zu Kleist, Platen, Heine, Thomas Mann, Martin Walser und Franz Fühmann. Seit 2010 unterrichtet er Deutsch und Geschichte an einem Gymnasium in Köln.

1. Auflage 2011
ISBN: 978-3-8044-1957-5

Titelabbildung: Bruno Ganz als Prinz von Homburg in dem Theaterstück *Prinz Friedrich von Homburg* von Heinrich von Kleist, 1972
© ullstein bild – Heuer
Druck und Weiterverarbeitung: Tiskárna Akcent, Vimperk

1. DAS WICHTIGSTE AUF EINEN BLICK – SCHNELLÜBERSICHT

Damit sich jeder Leser in unserem Band rasch zurechtfindet und das für ihn Interessante gleich entdeckt, hier eine Übersicht.

Im zweiten Kapitel beschreiben wir **Kleists Leben** und stellen den **zeitgeschichtlichen Hintergrund** dar:

⇨ S. 10 ff.

- Heinrich von Kleist wurde 1777 in **Preußen** geboren, führte meist ein unstetes Leben und beging 1811 Selbstmord.

⇨ S. 17 ff.

- Die Zeit ist geprägt von den Ideen der **Aufklärung** und der **Französischen Revolution** sowie von den **napoleonischen Kriegen**. Preußen führt nach der Niederlage von 1806 **Reformen** durch, und im Kampf gegen Napoleon entsteht ein deutsches **Nationalbewusstsein**.

⇨ S. 20 ff.

- *Prinz Friedrich von Homburg* ist Kleists letztes Drama, das noch einmal die zentralen Themen und Motive seines Gesamtwerks aufgreift, wie etwa die Frage nach **individueller Schuld** und den **Konflikt zwischen Individuum und Gesellschaft**.

Im 3. Kapitel bieten wir eine Textanalyse und -interpretation:

⇨ S. 23 ff.

Prinz Friedrich von Homburg – Entstehung und Quellen:

Prinz Friedrich von Homburg entstand ab 1809 und wurde spätestens im Sommer 1811 fertiggestellt, aber erst 1821 veröffentlicht und uraufgeführt. Angeregt wurde Kleist durch die Beschäftigung mit der **brandenburgischen Geschichte** und durch die staatsphilosophischen Ideen **Adam Müllers** und **Johann Gottlieb Fichtes**. Zahlreiche Anspielungen auf Werke zeitgenössischer Dichter, vor allem **Goethes und Schillers**, prägen das Schauspiel.

Inhalt:

➩ S. 33 ff.

Den historischen Hintergrund des Dramas bildet die Schlacht von Fehrbellin im Jahr 1675. Prinz Friedrich von Homburg hat einen großen Anteil am Sieg der Brandenburger unter Kurfürst Friedrich Wilhelm. Doch weil er entgegen dem ausdrücklichen Befehl des Kurfürsten zu früh in die Schlacht eingegriffen hat, lässt dieser ihn verhaften und zum Tode verurteilen. Verzweifelt vor Todesangst lässt Homburg seine Geliebte Natalie, die Nichte des Fürsten, bei diesem um Gnade bitten. Doch der Kurfürst will den Prinzen nur unter der Bedingung begnadigen, wenn dieser das Urteil für ungerecht erklärt. Homburg erkennt daraufhin das Urteil als gerecht an und will sterben. In der sicheren Erwartung, hingerichtet zu werden, wird der Prinz in den Schlossgarten geführt, wo ihm der Kurfürst jedoch das Leben und die Hand Natalies schenkt.

Chronologie und Schauplätze:

Das Stück nimmt Bezug auf die Schlacht von Fehrbellin (ca. 60 km nordwestlich von Berlin gelegen) im Jahr 1675 zwischen Brandenburg und Schweden.

Aufbau:

➩ S. 52 ff.

Äußerlich handelt es sich bei *Prinz Friedrich von Homburg* um ein **klassisches Schauspiel** in fünf Akten, das jedoch auch **tragische** bzw. tragikomische **Elemente** enthält. Konterkariert wird die **Harmonie im Aufbau** durch zahlreiche **innere Disharmonien und Widersprüche** sowie durch den ambivalent gestalteten Schluss.

Personen:

Die Hauptpersonen sind

⇨ S. 59 ff.

Prinz Friedrich Arthur von Homburg:

→ ein jugendlicher Draufgänger und Träumer,
→ charakterlich schwankend und seiner Identität unsicher,
→ einerseits selbstbezogen, ehrgeizig und aggressiv,
→ andererseits einsam und verzweifelt,

⇨ S. 65 ff.

Friedrich Wilhelm, Kurfürst von Brandenburg:

→ Repräsentant der staatlichen Ordnung,
→ selbstherrlich und aggressiv,
→ verfolgt machtpolitische Ziele,

⇨ S. 70 ff.

Prinzessin Natalie von Oranien:

→ Spielball in den Händen des Kurfürsten und des Prinzen,
→ ergreift vorübergehend die Initiative,

⇨ S. 73 ff.

Obrist Kottwitz:

→ Kontrast- und Komplementärfigur zu Homburg,
→ trotz Widersprüchen dem Kurfürsten treu ergeben,

⇨ S. 75 ff.

Graf Hohenzollern:

→ Homburgs Freund und Vertrauter,
→ verhält sich widersprüchlich.

Wir stellen diese Hauptpersonen und ihre Beziehungen untereinander ausführlich vor.

Stil und Sprache Kleists:

➪ S. 102 ff.

Prinz Friedrich von Homburg ist in **Blankversen** abgefasst, verwendet also den Vers eines Dramas im Stil der Weimarer Klassik. Konterkariert wird dies an einigen Stellen dadurch, dass der Sinn des Blankverses **parodistisch** vorgeführt wird, indem die Figuren unfähig sind, einen Dialog zu führen, aneinander vorbeireden, sich missverstehen und Scheindiskussionen führen. ‚Wahrhaftigkeit' kommt eher durch eine **zerrissene**, weniger glatte **Sprache** zum Ausdruck.

Interpretationsansätze:

➪ S. 107 ff.

Wir bieten einen Überblick über die Forschungsdiskussion seit den 1930er Jahren, wobei folgende Themenschwerpunkte im Zentrum stehen:

- → der Konflikt zwischen Individuum und Gesellschaft
- → Erziehung oder Unterwerfung des Prinzen?
- → die Rolle des Kurfürsten
- → Verherrlichung Preußens oder Kritik am Untertanengeist?
- → eine Darstellung isolierten Künstlertums?

Vor allem der Schluss des Dramas wird kontrovers gedeutet.

Heinrich von Kleist (1777–1811) © Wikipedia

2. HEINRICH VON KLEIST: LEBEN UND WERK

2.1 Biografie

JAHR	ORT	EREIGNIS	ALTER
1777	Frankfurt/ Oder	18. Oktober: Geburt von Bernd Heinrich Wilhelm von Kleist als ältestem Sohn des Stabskapitäns Joachim Friedrich von Kleist und dessen zweiter Frau Juliane Ulrike, geb. von Pannwitz. Kleist hat sechs Geschwister, darunter die beiden älteren Halbschwestern Wilhelmine und Ulrike, von denen Ulrike ihm später besonders eng verbunden ist.	
1788	Frankfurt/ Oder Berlin	18. Juni: Tod des Vaters. Kleist wird nach Berlin in eine Privatschule gegeben.	10
1792	Potsdam	20. Juni: Konfirmation. Danach Eintritt als Gefreiterkorporal ins Garderegiment.	14
1793	Frankfurt/ Oder Frankfurt/ Main Mainz	3. Februar: Tod der Mutter März: Kleist reist zu seinem Regiment nach Frankfurt am Main. Von April bis Juli nimmt er an der Belagerung der Stadt Mainz teil (Erster Koalitionskrieg gegen Frankreich). Er liest Werke Christoph Martin Wielands und schreibt sein erstes Gedicht *Der höhere Frieden*.	15
1795	Osnabrück	März: Verlegung des Garderegiments nach Osnabrück.	17
1798	Potsdam	Mai bis Juni: Rückmarsch in die Potsdamer Garnison. Kleist widmet sich verstärkt seinen geistigen und musischen Interessen. *Aufsatz, den sichern Weg des Glücks zu finden* (erschienen 1799).	20

JAHR	ORT	EREIGNIS	ALTER
1799	Potsdam	Kleist erbittet und erhält den Abschied vom Militär.	21
1800	Frankfurt/ Oder	Kleist beginnt ein Studium an der Universität Frankfurt an der Oder (Physik, Mathematik, Kulturgeschichte, Naturrecht und Latein). Verlobung mit Wilhemine von Zenge, einer Tochter des Frankfurter Garnisonschefs.	22
	Berlin	Im Sommer Abbruch des Studiums. Aufenthalt in Berlin.	
	Würzburg	September und Oktober: Reise nach Würzburg.	
1801	Berlin Dresden Paris Bern	Anfang des Jahres: existenzielle Krise, ausgelöst durch philosophische Studien („Kant-Krise"). Entschluss, mit der Halbschwester Ulrike für ein Jahr nach Frankreich zu gehen. Unterwegs Aufenthalt in Dresden. Dort und in Paris (Juli bis November) wendet sich Kleist endgültig der Kunst zu. Ohne Ulrike reist Kleist weiter in die Schweiz und trifft Ende des Jahres in Bern ein.	23 24
1802	Thuner See Bern Oßmannstedt bei Weimar	Kleist unternimmt den Versuch, am Thuner See als Landwirt zu leben. Er schreibt sein erstes Drama *Die Familie Ghonorez* (späterer Titel: *Die Familie Schroffenstein*), arbeitet an dem Drama *Robert Guiskard* (Fragment) und entwickelt den Plan zum Lustspiel *Der zerbrochne Krug*. Mai: Auflösung der Verlobung mit Wilhelmine von Zenge. Kleist will die Schweiz verlassen. Ulrike holt ihn ab. Gemeinsame Reise mit Ludwig Wieland, dem Sohn des berühmten Schriftstellers, nach Weimar. Kleist verbringt den Rest des Jahres bei Wieland.	24

JAHR	ORT	EREIGNIS	ALTER
1803	Oßmannstedt Bern Dresden Paris Mainz	Wieland bestärkt Kleist in seinen schriftstellerischen Ambitionen. *Die Familie Schroffenstein* erscheint anonym in der Schweiz. Von April bis Juli ist Kleist wieder in Dresden. Dort beginnt er mit der Arbeit am Drama *Amphitryon* und schreibt weiter am *Zerbrochnen Krug* und an *Robert Guiskard*. Anschließend bricht er zu einer weiteren längeren Reise ins Ausland (Schweiz, Italien, Frankreich) auf. In Paris verbrennt er das Manuskript des *Robert Guiskard*. Die preußischen Behörden beordern ihn zurück in die Heimat. Auf der Rückreise bricht Kleist in Mainz gesundheitlich zusammen. Mehrmonatiger Aufenthalt im Haus des Arztes und Schriftstellers Georg Wedekind.	25
1804	Graz Berlin	9. Januar: Uraufführung der *Familie Schroffenstein* in Graz. Anfang Juni: Rückkehr nach Berlin.	26
1805	Berlin Königsberg	Arbeit im Berliner Finanzdepartement und ab Mai Aufenthalt in Königsberg zur weiteren Ausbildung. Ulrike von Kleist zieht zu ihrem Bruder und bleibt bis Frühjahr 1806.	27
1806	Königsberg	Im August erhält Kleist auf eigenen Antrag einen sechsmonatigen Urlaub. Er beendet den *Zerbrochnen Krug* und arbeitet am Drama *Penthesilea*. Im Oktober wird Preußen in der Doppelschlacht von Jena und Auerstedt von Napoleon vernichtend geschlagen. Der Hof flieht nach Königsberg.	28

JAHR	ORT	EREIGNIS	ALTER
1807	Berlin Joux bei Pontarlier Châlons-sur-Marne Dresden Dresden	Januar: Reise in Begleitung verabschiedeter Offiziere nach Berlin. Die Reisenden werden dort als vermeintliche Spione verhaftet und in die Jura-Festung Fort de Joux gebracht. April: Verlegung in das Kriegsgefangenenlager Châlons-sur-Marne. Im Mai veröffentlicht Adam Müller in Dresden das Lustspiel *Amphitryon*, das er zusammen mit einem Manuskript des *Zerbrochnen Krugs* an Goethe in Weimar schickt. Juli: Nach dem Frieden von Tilsit kommt Kleist frei. Danach lebt er als freier Schriftsteller in Dresden. Mit Adam Müller versucht Kleist, eine Buchhandlung und einen Verlag zu gründen. Das Unternehmen scheitert jedoch. Im September erscheint die Erzählung *Jeronimo und Josephe* (späterer Titel: *Das Erdbeben in Chili*) in Cottas *Morgenblatt für gebildete Stände*. Die *Penthesilea* wird fertig. Gegen Ende des Jahres bereiten Kleist und Müller die Herausgabe einer Monatsschrift *Phöbus. Ein Journal für die Kunst* vor.	29

JAHR	ORT	EREIGNIS	ALTER
1808	Dresden	Im Februar erscheint im *Phöbus* die Erzählung *Die Marquise von O...* Im Laufe des Jahres erscheinen in der Zeitschrift Fragmente aus weiteren Werken Kleists: aus *Penthesilea*, dem *Zerbrochnen Krug*, *Robert Guiskard*, dem neu entstandenen Drama *Das Käthchen von Heilbronn* und der Erzählung *Michael Kohlhaas*.	30
	Weimar	2. März: Die Uraufführung des *Zerbrochnen Krugs* unter der Leitung Goethes wird zu einem Misserfolg.	
	Dresden	Kleist lernt den romantischen Dichter Ludwig Tieck kennen, der nach Kleists Tod als Erster dessen Werke herausgeben wird. Auf die Nachricht antinapoleonischer Aufstände hin beginnt Kleist, das Drama *Die Hermannsschlacht* zu schreiben. Buchausgabe der *Penthesilea*.	
1809	Dresden	Januar: Kleist stellt die *Hermannsschlacht* fertig (veröffentlicht 1821). Februar: Der *Phöbus* wird aufgrund finanzieller Schwierigkeiten eingestellt. In der ersten Hälfte des Jahres entstehen patriotische Gedichte und Prosa. Österreich erklärt Frankreich den Krieg. Kleist bricht	31
	Österreich	mit dem Historiker Friedrich Christoph Dahlmann nach Österreich auf und liefert Geheimberichte vom Kriegsgeschehen. Ab Ende Mai halten sich Kleist und Dahlmann in	
	Prag	Prag auf, wo Kleist ein patriotisches Wochenblatt *Germania* herausgeben will. Da die Franzosen im Sommer militärisch wieder die Oberhand gewinnen, scheitert der Plan.	
	Berlin	Ende November: Rückkehr über Frankfurt an der Oder nach Berlin.	32

JAHR	ORT	EREIGNIS	ALTER
1810	Wien	17. März: Uraufführung des *Käthchens von Heilbronn* im Theater an der Wien.	32
	Berlin	19. März: Erste Erwähnung des Stücks ***Prinz Friedrich von Homburg*** in einem Brief an die Schwester Ulrike. Ende September erscheinen im Verlag von Georg Reimer das *Käthchen von Heilbronn* und der erste Band der *Erzählungen*, der die Erzählungen *Michael Kohlhaas*, *Die Marquise von O…* und *Das Erdbeben in Chili* enthält. Ab Oktober: Herausgabe der *Berliner Abendblätter*, in denen Kleist auch eine Reihe eigener kleinerer Arbeiten veröffentlicht: Anekdoten, Erzählungen (z. B. *Das Bettelweib von Locarno* und *Die heilige Cäcilie oder Die Gewalt der Musik*) und Aufsätze (z. B. *Über das Marionettentheater*).	

JAHR	ORT	EREIGNIS	ALTER
1811	Berlin	Februar: Buchausgabe des *Zerbrochnen Krugs.* Im März und April erscheint die Erzählung *Die Verlobung* (späterer Titel: *Die Verlobung in St. Domingo*) in dem Unterhaltungsblatt *Der Freimüthige*.	33
	Wannsee	Ende März: Letzte Ausgabe der *Berliner Abendblätter* nach zahlreichen Auseinandersetzungen mit der preußischen Regierung. Juni: Kleist bietet Reimer das Stück ***Prinz Friedrich von Homburg*** (erschienen 1821) an. Im August erscheint bei Reimer der zweite Band der *Erzählungen*, der auch die bis dahin unveröffentlichten Texte *Der Findling* und *Der Zweikampf* enthält. Im Herbst macht Kleist die Bekanntschaft der gleichaltigen, verheirateten und krebskranken Henriette Vogel. Sie möchte gemeinsam mit ihm sterben. Am Nachmittag des 21. November erschießt Kleist am Kleinen Wannsee bei Berlin zuerst Henriette Vogel und dann sich selbst.	34

2.2 Zeitgeschichtlicher Hintergrund

ZUSAMMEN-FASSUNG

Wichtig für das Verständnis von Kleists Drama sind
→ die Ideen der Aufklärung und der Französischen Revolution,
→ die napoleonischen Kriege und die Niederlage Preußens 1806,
→ die preußischen Reformen seit 1807,
→ das entstehende Nationalgefühl in Deutschland.

Die Zeit, in die Heinrich von Kleist hineingeboren wurde, war eine Zeit grundlegender gesellschaftlicher, politischer und wirtschaftlicher Veränderungen. Die **Ideen der Aufklärung** stellten die absolutistische Ständegesellschaft sowie die Herrschaft der Kirche in Frage und riefen bei vielen Gebildeten, vor allem im Bürgertum und im niederen Adel, den **Wunsch nach sozialen und politischen Veränderungen** hervor. Oft wiederholte Forderungen etwa waren die durch die natürliche Gleichheit aller Menschen begründete Gleichheit vor dem Gesetz, die Emanzipation benachteiligter Bevölkerungsgruppen und die politische Mitbestimmung des Bürgertums.

Französische Revolution

In Frankreich wurden im Zuge der 1789 ausgebrochenen Revolution der Absolutismus und die feudale Ständegesellschaft abgeschafft, die Erklärung der **Menschen- und Bürgerrechte** vom 26. August 1789 versprach jedem Bürger Freiheit und Gleichheit vor dem Gesetz, Recht auf Eigentum und demokratische Mitbestimmung. Die europäischen Großmächte, vor allem Österreich und Preußen, mussten fürchten, dass die Revolution über die Grenzen Frankreichs ausgreifen könnte. Von 1792 bis 1815 führten sie fast ununterbrochen und in wechselnden Koalitionen Krieg gegen

Frankreich, das seit dem Staatsstreich vom 18. Brumaire (9. November) 1799 von Napoleon Bonaparte (seit 1804 als Napoleon I. Kaiser der Franzosen) regiert wurde.

Napoleonische Kriege

Innerhalb weniger Jahre veränderten die napoleonischen Kriege die Landkarte Europas. Nachdem bereits 1803 viele kleine Territorien innerhalb des Heiligen Römischen Reiches Deutscher Nation verschwanden und den mittelgroßen Staaten zugeschlagen worden waren, führte die Gründung des Rheinbunds und das nun auch formal besiegelte Ende des Heiligen Römischen Reiches im Jahre 1806 zu grundlegenden politischen und sozialen Veränderungen auch in Deutschland. In den von Frankreich abhängigen Staaten, wie zum Beispiel in dem neugeschaffenen Königreich Westfalen, wurden das feudale System abgeschafft und bürgerliche Reformen durchgeführt.

Der **Code civil** (oder Code Napoléon), das erste bürgerliche Gesetzbuch, wurde in diesen Staaten eingeführt; er revolutionierte das bisherige Rechtssystem, indem er das Recht vereinheitlichte, die Unabhängigkeit der Gerichte garantierte, für Rechtssicherheit und öffentliche Rechtsprechung sorgte und dem Grundsatz der Gleichheit aller vor dem Gesetz sowie dem Schutz und der Freiheit des Individuums und des Eigentums Geltung verschaffte.

Preußische Reformen

Nach der für Preußen vernichtenden Niederlage in der Schlacht bei Jena und Auerstedt am 14. Oktober 1806 und dem Frieden von Tilsit (7. und 9. Juli 1807) wurden auch in Preußen unter der Leitung der Minister Heinrich Friedrich Karl Freiherr vom und zum Stein und Karl August Fürst von Hardenberg eine Reihe von Reformen durchgeführt, deren wichtigster Zweck die Neukonstituierung des preußischen Staates war. Das Oktoberedikt von 1807 hob die Erbuntertänigkeit der Bauern auf und gewährte allen Untertanen des preußischen Königs die Freiheit der Berufswahl und das Recht auf freien Eigentumserwerb. Die preußischen Reformen, wie dann auch die Heeres-, die Verwaltungs- und die Bildungsreformen, erfüllten Forderungen des Bürgertums und begünstigten die Entwicklung eines deutschen Nationalbewusstseins, das sich gegen die zunehmend **als Tyrannei empfundene französische Fremdherrschaft** richtete.

Die **Heeresreform** etwa sollte die teilweise bestehenden Schranken zwischen Armee und Gesellschaft beseitigen (Abschaffung des Adelsprivilegs für Offiziere, Einführung des Leistungsprinzips, Selbstverantwortlichkeit der Offiziere, Reform der Militärjustiz); so hoffte man, die Armee auf den Patriotismus der Staatsbürger aufbauen zu können.

Ermuntert durch den 1808 ausgebrochenen Volksaufstand in Spanien, wurde auch in Preußen der Ruf nach einer Befreiung von der napoleonischen Herrschaft laut, wobei man sich seinerseits der revolutionären Parolen von Freiheit, Gleichheit und Brüderlichkeit bediente und die während der Französischen Revolution entstandene Idee des Volkskrieges übernahm, welche auf die vollständige Vernichtung des Feindes abzielte. König Friedrich Wilhelm III. verhielt sich jedoch zögerlich und versuchte eigenmächtige Aktionen, wie etwa diejenige des Freikorps Schill, gegen die französischen Besatzer zu verhindern und stellte solche Gehorsamsverweigerungen unter Strafe. Auch der Krieg Österreichs gegen Frankreich (1809) mit den anfänglichen Erfolgen der Österreicher (Schlacht bei Aspern), wovon auch Kleist sich ein Signal für eine Volkserhebung in ganz Deutschland versprach, veranlasste den preußischen König nicht dazu, sich einem Befreiungskampf anzuschließen, zu dem es erst 1813, nach der Niederlage Napoleons in Russland, kam. Der Frieden von Schönbrunn (Oktober 1809) führte im Gegenteil zunächst zu einer größeren Abhängigkeit der deutschen Staaten von Frankreich.

Idee des Volkskrieges

2.3 Angaben und Erläuterungen zu wesentlichen Werken

DRAMEN	ERZÄHLUNGEN
Die Familie Schroffenstein (1802/03) *Robert Guiskard* (Fragment, 1. Fassung 1802/03, 2. Fassung 1808) *Der zerbrochne Krug* (1802–06) *Amphitryon* (1803–07) *Penthesilea* (1806/07) *Das Käthchen von Heilbronn* (1808/09) *Die Hermannsschlacht* (1808/09) *Prinz Friedrich von Homburg* (1809–11)	*Jeronimo und Josephe* (1807) = später u. d. T. *Das Erdbeben in Chili* (1810) *Die Marquise von O...* (1808/10) *Michael Kohlhaas* (1808–10) *Das Bettelweib von Locarno* (1810) *Die heilige Cäcilie oder Die Gewalt der Musik* (1810/11) *Die Verlobung in St. Domingo* (1811) *Der Findling* (1811) *Der Zweikampf* (1811)

Überschaubares Œuvre

Kleists Œuvre besteht – neben einer überschaubaren Zahl von Gedichten, Anekdoten sowie Essays mit politischem, philosophischem und ästhetischem Inhalt – hauptsächlich aus jeweils acht Dramen und Erzählungen. *Prinz Friedrich von Homburg* wurde in den beiden letzten Lebensjahren Kleists geschrieben, vermutlich unmittelbar nach oder zum Teil parallel zu dem Schauspiel *Die Hermannsschlacht*, das ebenfalls ein Geschichtsdrama ist, historische Persönlichkeiten auf die Bühne stellt und den **Freiheitskampf** eines von einem äußeren Feind bedrohten Volkes thematisiert. Anders als in der *Hermannsschlacht*, wo die Einheit und das gemeinsame Handeln den Sieg und die Befreiung von der Tyrannei herbeiführen, geht es im *Prinzen Friedrich von Homburg* aber um den Einzelnen, das Individuum, das einerseits mit der Kraft seines „Herzens" und seiner Leidenschaft mit zum Sieg gegen den äußeren Feind beiträgt, andererseits jedoch gerade dadurch selber in einen Konflikt mit den Normen des eigenen Staatswesens gerät, für dessen Befreiung es zuvor gekämpft hat.

So steht, wie in den meisten Werken Kleists – etwa den Dramen Der zerbrochne Krug, Penthesilea und Das *Käthchen von Heilbronn* sowie auch mehreren Erzählungen –, der Gegensatz zwischen dem Individuum und der Gesellschaft und deren Normen im Mittelpunkt, wobei sich dieser Konflikt häufig an Fragen von **Verbrechen und Schuld** entzündet, etwa im *Zerbrochnen Krug*, dem *Käthchen von Heilbronn* sowie vor allem den Erzählungen *Michael Kohlhaas*, *Die Marquise von O…*, *Das Erdbeben in Chili* und *Der Zweikampf*. Nicht selten taucht in den Texten somit auch das Motiv des Gerichts bzw. der Gerichtsverhandlung auf. So folgen etwa der *Zerbrochne Krug* und der *Prinz Friedrich von Homburg* dem aus der antiken Tragödie (Sophokles' *König Ödipus*) bekannten Modell des Gerichtsdramas.

Individuum und Gesellschaft

Wie in der *Hermannsschlacht* ist das Thema des Freiheitskampfes im *Prinzen Friedrich von Homburg* eng verknüpft mit dem Motiv des **Krieges**, das in mehreren Werken Kleists eine auffällig zentrale Rolle spielt, etwa auch in der Tragödie *Penthesilea*, der Erzählung *Die Marquise von O…* und dem frühen Fragment *Robert Guiskard*, das wie der *Prinz Friedrich von Homburg* ein geschichtliches Drama ist und in dem auch das Problem von **Staat und Herrschaft** thematisiert wird.

Motiv des Krieges

Bei dem Konflikt zwischen dem Individuum und den sozialen Normen spielt bei Kleist oft die **Familie** eine bedeutende Rolle. So ist etwa in den Erzählungen *Das Erdbeben in Chili*, *Die Marquise von O…*, *Der Findling* und *Der Zweikampf* die Familie ein zentrales Motiv, über das die Konflikte ausgetragen werden, wie bereits in Kleists erstem Drama *Die Familie Schroffenstein* die Familienverhältnisse den Ausgangspunkt für die katastrophale Handlung darstellen. Auch im *Prinzen Friedrich von Homburg* wird dieses Motiv aufgenommen, wenn der Prinz sich vor dem ihn verurteilenden bzw. begnadigenden Kurfürsten, der gegenüber der Kurfürstin und seiner Nichte Natalie die Rolle eines pater familias (Familienoberhaupt) einnimmt, wiederholt als sein „Sohn" bzw. Nachfolger bezeichnet.

Konflikt zwischen Gefühl und Verstand

Vermittelt über das Familien- und das Liebesmotiv spielt wie im *Prinzen von Homburg* in einer Reihe von Werken Kleists der Konflikt zwischen dem Herzen bzw. dem Gefühl und dem Verstand eine bedeutende Rolle, am auffälligsten in der *Familie Schroffenstein*, der *Penthesilea*, dem *Käthchen von Heilbronn*, der *Die Marquise von O…* und der *Verlobung in St. Domingo*, wobei auch immer wieder gegenseitige Missverständnisse die Handlung bestimmen. Im Zentrum der *Verlobung in St. Domingo*, die wahrscheinlich parallel zum *Prinzen Friedrich von Homburg* in der Zeit entstanden ist, als Kleist sich intensiv mit der Problematik eines Freiheitskampfes gegen die napoleonische Fremdherrschaft beschäftigt hat, steht wie im *Homburg* die Dialektik der Freiheit, die innere Widersprüchlichkeit eines Kampfes für gemeinschaftliche Autonomie, der seinerseits Gewalt und Herrschaft generiert.

Die Hermannsschlacht	***Die Familie Schroffenstein***	***Der zerbrochne Krug***
Geschichtsdrama	Familientragödie	Gerichtsdrama
Freiheitskampf	Gefühl contra Verstand	Verbrechen und Schuld

Prinz Friedrich von Homburg

Das Käthchen von Heilbronn	***Penthesilea***	***Robert Guiskard***
Verbrechen und Schuld	Krieg	Geschichtsdrama
Gefühl contra Verstand	Individuum und Gesellschaft	Staat und Herrschaft

3. TEXTANALYSE UND -INTERPRETATION

3.1 Entstehung und Quellen

ZUSAMMENFASSUNG

1809–1811	Kleist schreibt *Prinz Friedrich von Homburg.*
Sommer 1811	Kleist bietet das Drama vergeblich zum Druck an.
21.11.1811	Tod Kleists
1821	Erstveröffentlichung des Dramas durch Ludwig Tieck; Uraufführung in Wien

Kleist las während der Arbeit an dem Drama Darstellungen über die Geschichte Brandenburgs sowie staatsphilosophische Schriften von Adam Müller und Johann Gottlieb Fichte. Zudem fließen zahlreiche Anspielungen und Zitate aus der zeitgenössischen Literatur, v. a. aus Werken Goethes und Schillers, in Kleists Drama ein.

Entstehung und Veröffentlichung

Briefe

Den ersten Hinweis auf Kleists Beschäftigung mit dem Stoff gibt die Eintragung im Entleihbuch der Dresdner Königlichen Bibliothek: Am 9. Januar 1809 entlieh Kleist Karl Heinrich Krauses Lesebuch *Mein Vaterland unter den hohenzollerischen Regenten* (1803)[1], das neben anderen Werken als Quelle für das Schauspiel angesehen werden kann. Ein Jahr später, am 19. März 1810, schreibt Kleist an seine Schwester Ulrike: „Jetzt wird ein Stück von mir, das aus der Brandenburgischen Geschichte genommen ist,

1 Siehe Sembdner, *Lebensspuren*, S. 285.

auf dem Privattheater des Prinzen Radziwil gegeben und soll nachher auf die Nationalbühne kommen und, wenn es gedruckt ist, der Königin übergeben werden"[2]. Die Aufführung kam wohl nicht zustande, und die im Brief genannte Königin – gemeint ist Luise, die Frau des preußischen Königs Friedrich Wilhelm III. – verstarb im Juli des gleichen Jahres, ohne das Stück zur Kenntnis genommen zu haben. Erst am 21. Juni 1811 bietet er das Werk dem Verleger Georg Andreas Reimer an: „Wollen Sie ein Drama von mir drucken, ein *vaterländisches* (mit mancherlei Beziehungen) namens *der Prinz von Homburg*, das ich jetzt eben anfange abzuschreiben?"[3]

Anfrage bei Verleger

Reimer ließ offenbar einige Zeit darüber verstreichen, denn Kleist bittet ihn danach noch zweimal um eine Entscheidung: „Zugleich bitte ich um eine Nachricht über den Prinzen Homburg", schreibt er Ende Juli 1811 und kurz darauf ausführlicher: „Ich bitte um die Gefälligkeit, mir Ihre Entschließung wegen des Pr. v. Homburg zukommen zu lassen, welchen ich bald gedruckt zu sehen wünsche, indem es meine Absicht ist, ihn der Prinzess Wilhelm zu dedizieren"[4] – bei der Prinzessin Wilhelm handelt es sich um die Schwägerin des preußischen Königs Friedrich Wilhelm III., Amalie Marie Anne von Preußen, Urenkelin des Prinzen von Hessen-Homburg, Frau des Prinzen Wilhelm von Preußen. Trotz der ausbleibenden Antwort scheint jedoch zu diesem Zeitpunkt noch Hoffnung auf die Drucklegung des Werkes bestanden zu haben, denn am 15. August 1811 schreibt Kleist an Friedrich de la Motte Fouqué:

Gewidmet Prinzessin Amalie Marie Anne von Preußen

2 Kleist, *Sämtliche Werke und Briefe*. Bd. 4, S. 442 f.
3 Ebd., S. 496.
4 Ebd.

> „Vielleicht kann ich Ihnen in Kurzem gleichfalls ein vaterländisches Schauspiel, betitelt: der Prinz von Homburg, vorlegen, worin ich auf diesem, ein wenig dürren, aber eben deshalb fast, möcht' ich sagen, reizenden Felde, mit Ihnen in die Schranken trete."[5]

Kurz darauf muss jedoch Reimers Ablehnung erfolgt sein, denn in dem Brief, in dem Kleists Cousine Marie von Kleist den Prinzen Wilhelm von Preußen am 3. September 1811 um eine Pension für Kleist bittet, heißt es, zunächst allgemein gefasst:

> „Ich wage zu gleicher Zeit, Ihrer Königl. Hoheit der Frau Prinzessin ein Stück zu Füßen zu legen, welches der Verfasser ihr gewidmet hat und das sicher große Schönheiten enthält, auf das man jedoch, wenn ich nach der Wirkung urteile, die es auf mich gemacht hat, die Frau Prinzessin vorbereiten müsste"[6].

Die Forschung vermutet, dass es sich bei dem Text, den Marie von Kleist abgeschickt hat, um das sogenannte Widmungsexemplar (nach dem Aufbewahrungsort auch „Heidelberger Manuskript" genannt) des *Prinzen Friedrich von Homburg* handelt, dem eine Widmung an die Prinzessin Amalie Marie Anne von Preußen vorangestellt ist. Eine Antwort auf Marie von Kleists Brief blieb freilich aus. Der einzige sichere Beleg für die Fertigstellung des Stücks ist also Kleists Brief an Reimer vom 21. Juni 1811. Eine Aufführung auf dem Privattheater des Prinzen Radziwill konnte bisher nicht bewiesen werden. Demnach gibt es keine Indizien dafür, ob das Stück bereits im März 1810 – bei der ersten Erwäh-

---

5 Ebd., S. 501.
6 Sembdner, *Lebensspuren*, S. 435.

nung in Kleists Brief an Ulrike – oder erst im Juni 1811 fertiggestellt worden ist.

Zu Kleists Lebzeiten ist der *Prinz von Homburg* weder gedruckt noch aufgeführt worden. Die Erstausgabe des Textes erschien erst 1821 in dem von Ludwig Tieck besorgten Band von Kleists *Hinterlassenen Schriften*, wobei Tieck eine andere Abschrift des Textes als das Widmungsexemplar vorgelegen haben muss; Tiecks Erstdruck weist im Wortlaut kleine Abweichungen auf und enthält kein Widmungsgedicht. Die Uraufführung unter dem Titel *Die Schlacht bei Fehrbellin* fand am 3. Oktober 1821 am Wiener Burgtheater statt.

Erstausgabe und Uraufführung 1821

Quellen zur Schlacht von Fehrbellin

Geschichte der Schlacht

Die Geschichte der Schlacht von Fehrbellin im Jahr 1675, die für den späteren Aufstieg Brandenburg-Preußens zu einer europäischen Großmacht als entscheidender Schritt angesehen wird, und die Rolle des Prinzen Friedrich von Hessen-Homburg für den Verlauf dieser Schlacht haben in mehreren historischen Werken Erwähnung gefunden, die Kleist gelesen haben könnte. Neben Krauses Lesebuch, das Kleist entliehen hatte, kommen als Quelle für den Stoff des *Homburg*-Dramas auch die *Denkwürdigkeiten zur Geschichte des Hauses Brandenburg* (*Mémoires pour servir à l'histoire de la Maison de Brandebourg*, 1751) **von König Friedrich II. von Preußen** in Frage. Der König erwähnt dort das befehlswidrige Verhalten des Prinzen Friedrich von Hessen-Homburg (1633–1708), der sich „in seiner überschäumenden Kühnheit" „vom Kampfeseifer fortreißen" ließ und „in einen Kampf" verwickelte, „der einen verhängnisvollen Ausgang genommen hätte", wenn ihm der Große Kurfürst Friedrich Wilhelm I. von Brandenburg (1620–1688) mit seinem „Scharfblick" und seiner „Tatkraft" nicht zu Hilfe geeilt wäre. Obwohl der Prinz „so leichtherzig das Schicksal des ganzen

Staates aufs Spiel gesetzt hatte“, verzieh ihm der Kurfürst, indem er ihm sagte:

> „Wenn ich Euch nach der Strenge der Kriegsgesetze richtete, hättet Ihr das Leben verwirkt. Aber verhüte Gott, dass ich den Glanz eines solchen Glückstages beflecke, indem ich das Blut eines Fürsten vergieße, der ein Hauptwerkzeug meines Sieges war!“[7]

Prinz von Homburg 30.03.1633 – 24.01.1708, Porträt vermutlich 1670 © ullstein bild – Stary

Zudem konnte Kleist den Denkwürdigkeiten Friedrichs II. auch die Legende vom Stallmeister Froben entnehmen, der während der Schlacht sein Pferd mit dem Kurfürsten tauschte, kurz darauf tödlich getroffen wurde und damit – so Friedrich II. – „durch seinen Tod dem Kurfürsten das Leben“[8] rettete. Diese Episode ist aber zur Entstehungszeit von Kleists Schauspiel schon längst als Legende entlarvt worden, etwa auch in dem eingangs erwähnten, von Kleist entliehenen Buch Karl Heinrich Krauses.[9] Kleist weicht mit seiner Darstellung der Ereignisse im II. Akt also bewusst von der historischen Realität ab, greift die bereits widerlegte Legende auf, um einen preußischen Mythos zu konstruieren, wobei er möglicherweise einer Anregung seines Freundes Adam Müller folgt, der in seinen Vorlesungen über die Elemente der Staatskunst sich nicht nur intensiv mit der Person

Legende vom Stallmeister Froben

---

7 Friedrich der Große, *Werke*, Bd. 1, S. 76.
8 Ebd.
9 Krauses Schilderung der Ereignisse während der Schlacht von Fehrbellin folgt mit Ausnahme der Froben-Episode der oben zitierten Darstellung Friedrichs II. – Siehe S. 121 dieser Erläuterung.

Friedrichs II. befasst, sondern auch einen Wunsch des regierenden Königs Friedrich Wilhelm III. erwähnt, der lieber „Gegenstände aus der älteren vaterländischen Geschichte als aus der griechischen und römischen Mythologie behandelt" und „neben dem Ruhme Friedrichs des Zweiten auch den viel nationaleren des Großen Kurfürsten Friedrich Wilhelms und älterer Helden des brandenburgischen Hauses"[10] wertgeschätzt sehen möchte.

Historisch-philosophische Quellen

Adam Müller

Die Vorlesungen über die *Elemente der Staatskunst*, die Adam Müller 1808 und 1809 in Dresden gehalten und 1809 publiziert hat, sind der Forschung schon länger als Quelle für den *Prinzen Friedrich von Homburg* bekannt. Kleist schließt in seinem Schauspiel nicht nur an zentrale Gedanken seines Freundes über das Wesen des Staates als einer „innigen Verbindung (...) zu einem großen energischen, unendlich bewegten und lebendigen Ganzen" an, er zitiert auch nahezu wörtlich aus seinen Schriften, etwa jene Stellen, wo Müller vom Gegensatz zwischen dem „steifen Verharren auf dem Buchstaben gewisser Begriffe und Grundsätze" und der „Beweglichkeit" spricht, in der sich „die Festigkeit des Herzens"[11] zeige.

Insbesondere die Gedanken über König Friedrich II. von Preußen (1712–1786), auch Friedrich der Große genannt, dessen „Erhabenheit" und „Schwäche" nach Müller „lange die Grundlage dessen gewesen" sei, „was wir ‚Preußischer Staat' nannten"[12], scheinen Kleist Anregungen für den Prinzen Friedrich von Homburg geliefert zu haben. So wird in der Forschung auch auf die

Katte-Episode

---

10 Müller, S. 335.
11 Ebd., S. 24, 37.
12 Ebd., S. 332 f.

berühmte Katte-Episode im Leben des jungen Kronprinzen Friedrich hingewiesen. Der 18-jährige Kronprinz wollte mit seinem Freund Hans Hermann von Katte nach England fliehen, doch der Fluchtversuch wurde vereitelt. Bemerkenswert ist in diesem Fall das Verhalten des Kriegsgerichts, das sich gegenüber dem Thronfolger für inkompetent erklärte und Katte zu lebenslanger Festungshaft verurteilte. Friedrichs Vater König Friedrich Wilhelm I.

Der Graf von Hohenzollern und der Prinz von Homburg, Deutsches Theater Berlin 1940 © ullstein bild – Charlotte Willot

von Preußen ordnete für Katte eine Wiederaufnahme des Verfahrens an und befahl die Hinrichtung, nachdem das Gericht zu dem gleichen Ergebnis wie zuvor gekommen war. Der Kronprinz musste vom Fenster des Gefängnisses aus die Hinrichtung mitansehen.[13] – Der Fall des Kronprinzen Friedrich gilt neben dem Fall des Prinzen Louis Ferdinand, der 1806 bei einem Gefecht bei Saalfeld fiel, als der berühmteste Fall von Insubordination (Ungehorsam) in Preußen. Beide Angehörigen des Königshauses waren zudem Künstler, was sie noch weiter in die Nähe von Kleists Prinzen rückt.

Fichtes *Reden an die deutsche Nation*

Neben Adam Müllers Gedanken über das Wesen des Staates scheint Kleist bei der Abfassung des *Prinzen von Homburg* auch von Ideen des Philosophen Johann Gottlieb Fichte inspiriert worden zu sein, vor allem von dessen Gedanken über Staat, Nation und Vaterlandsliebe in den *Reden an die deutsche Nation*, die Fichte 1807/08 in Berlin gehalten und 1808 in Buchform herausgebracht hat, aber auch von Fichtes Schrift *Die Bestimmung des Menschen* (1800), die Kleist 1801 während der „Kant-Krise" gelesen hat.[14]

Literarische Quellen

Anspielungen, Motivübernahmen und Zitate

Zudem lassen sich in Kleists Schauspiel eine Vielzahl von Anspielungen, Motivübernahmen und Zitaten aus literarischen Werken finden, insbesondere der damaligen zeitgenössischen deutschen Literatur, etwa aus Werken von Klopstock, Lessing, Goethe, Schiller, Jean Paul und Novalis, aber auch von Shakespeare und aus Werken der antiken Literatur. Vor allem mit einer Reihe von

---

13 Siehe auch S. 88 dieser Erläuterung (Anm. zu V. 678).

14 Kraft spricht daher von einer „Fichte-Krise" (Kraft, S. 38). – Zu Fichtes Schrift als mögliche Quelle des *Prinzen von Homburg* siehe S. 100 dieser Erläuterung (Anm. zu V. 1835–37).

Dramen der Weimarer Klassik ist der *Prinz von Homburg* vielfältig verknüpft. An Goethes *Egmont* erinnern z. B. das Motiv des Traums, die Krönung des Helden mit einem Lorbeerkranz (was auch in *Torquato Tasso* vorkommt), die Verschränkung von Politik und Liebe (was auch ein bedeutendes Motiv in Dramen Schillers ist, etwa *Don Karlos* oder *Wallenstein*), die Kerkerszenen sowie die Anspielungen auf den Freiheitskampf der Niederlande. Letzterer bildet auch den thematischen Hintergrund in Schillers *Don Karlos*, wo ein jugendlich-rebellischer Prinz gegen seinen Vater aufbegehrt und am Ende der Inquisition übergeben wird. Parallelen zu Schillers *Maria Stuart* ergeben sich vor allem über die Motive des Todesurteils bzw. der öffentlichen Hinrichtung einer Person aus fürstlichem Hause sowie des Konflikts über eine mögliche Begnadigung, wobei in beiden Stücken – sowohl in *Maria Stuart* als auch im *Prinzen von Homburg* –, ein innerer Läuterungsprozess und, damit verbunden, eine ‚Erziehung' der zum Tode verurteilten Person thematisiert wird, allerdings auf sehr unterschiedliche Art und Weise.

Schillers *Der Kampf mit dem Drachen*

Immer wieder als eine Quelle für den *Prinzen von Homburg* in Betracht gezogen worden ist auch Schillers Ballade *Der Kampf mit dem Drachen*, in der es wie bei Kleists *Homburg* um einen jugendlichen Helden geht, einen Ordensritter, der aus persönlicher Ruhmbegierde gegen eine religiöse Regel (das Kampfverbot) verstößt, einen Sieg erringt und damit sein Volk vor einer Bedrohung rettet; der Ordensmeister tadelt ihn dafür heftig:

> „Ein Gott bist du dem Volke worden, / Ein Feind kommst du zurück dem Orden, / Und einen schlimmern Wurm gebar / Dein Herz, als dieser Drache war. / Die Schlange, die das Herz vergiftet, / Die Zwietracht und Verderben stiftet, / Das ist der widerspenstge Geist, / Der gegen Zucht sich frech empöret, / Der

> Ordnung heilig Band zerreißt, / Denn der ists, der die Welt zerstöret.“[15]

Doch nach einer Demutsbezeugung gegenüber dem Ordensmeister wird der Jüngling begnadigt und erhält als Zeichen dafür ein Kreuz.

15 Schiller, *Der Kampf mit dem Drachen*, V. 267–276 (Bd. 1, S. 419).

3.2 Inhaltsangabe

ZUSAMMEN-FASSUNG

Den historischen Hintergrund des Dramas bildet die Schlacht von Fehrbellin im Jahr 1675. Prinz Friedrich von Homburg hat einen großen Anteil am Sieg der Brandenburger unter Kurfürst Friedrich Wilhelm. Doch weil er entgegen dem ausdrücklichen Befehl des Kurfürsten zu früh in die Schlacht eingegriffen hat, lässt dieser ihn verhaften und zum Tode verurteilen. Verzweifelt vor Todesangst lässt Homburg seine Geliebte Natalie, die Nichte des Fürsten, bei diesem um Gnade bitten. Doch der Kurfürst will den Prinzen nur unter der Bedingung begnadigen, wenn dieser das Urteil für ungerecht erklärt. Homburg erkennt daraufhin das Urteil als gerecht an und will sterben. In der sicheren Erwartung, hingerichtet zu werden, wird der Prinz in den Schlossgarten geführt, wo ihm der Kurfürst jedoch das Leben und die Hand Natalies schenkt.

Erster Akt

Homburg träumt von Liebe und Ruhm, überhört den Befehl des Kurfürsten.

Erster Auftritt

Im Garten des Schlosses zu Fehrbellin

Im Garten des Schlosses zu Fehrbellin sitzt der Prinz von Homburg ohne Helm und Rüstung, „halb wachend“ und „halb schlafend“, unter einer Eiche und windet sich einen Lorbeerkranz. Der Graf von Hohenzollern führt den Kurfürsten mit seinem Gefolge heimlich in den Garten und zeigt ihm den schlafsüchtigen Nachtwandler, der drei Tage die Schweden verfolgt hat und auf Befehl des Kurfürsten nur drei Fütterungsstunden in Fehrbellin verweilen soll, um dann wieder dem Wrangel entgegenzuziehen. Der Kurfürst nimmt dem Prinzen den Kranz aus der Hand, schlingt die goldene Kette, die er sich vom Halse nimmt, darum und gibt Natalie Kranz und Kette. Errötend erhebt sich der Prinz, folgt ihr, als sie langsam zurückweicht, und im Traumwandeln bekennt er seine Liebe zur Nichte des Kurfürsten, der er einen Handschuh entreißt. Der Kurfürst mit seiner Umgebung tritt schnell ins Schloss zurück mit den Worten:

> „Ins Nichts mit dir zurück, Herr Prinz von Homburg,
> Ins Nichts, ins Nichts! In dem Gefild der Schlacht,
> Sehn wir, wenn's dir gefällig ist, uns wieder!
> Im Traum erringt man solche Dinge nicht!"
> (V. 74–77)

Rasselnd schlägt die Schlosstür vor dem Prinzen zusammen, er bleibt allein im Garten.

Zweiter Auftritt

Der Prinz bleibt verwundert vor der plötzlich verschlossenen Tür stehen, wendet sich dann, den Handschuh betrachtend, in den Garten zurück, schaut von dort erneut erstaunt zur Tür hinauf.

Dritter Auftritt

Nur ein „Scherz"

Hohenzollern sucht den Prinzen auf. Ein Page wird ihm vom Kurfürsten nachgesandt mit der Weisung, dem erwachten Prinzen nichts von dem „Scherz" (V. 83) mit dem Kranz und der Kette zu verraten.

Vierter Auftritt

Hohenzollern ruft den Prinzen an, und dieser fällt in Ohnmacht, aus der er aber bald erwacht. Homburg erzählt dem Freund das Geschehene als Traum; den Handschuh, den er noch immer in der Hand hält, fasst er als Beleg dafür auf, dass ihm alles zuteil werde, was sein Geist erschaut habe. Hohenzollern setzt den „Scherz" noch fort, indem er den Prinzen raten lässt, wer die Dame gewesen sei, die ihm den Kranz gereicht hat.

Fünfter Auftritt

Diese äußerst lebhafte Szene, die in einem Saal im Schloss spielt, vereinigt zwei Handlungen, die sich erst später als zusammenhängend erweisen. Der Morgen des Schlachttages ist angebrochen. Die Kurfürstin mit Natalie und ihren Hofdamen ist zur Abreise gerüstet. Der Kurfürst befiehlt dem Feldmarschall Dörfling, den Offizieren den Schlachtplan zu diktieren. Er selbst kümmert sich um die Damen. Als diese aufbrechen wollen, entdeckt Natalie, dass ihr ein Handschuh fehlt. Durch einen kleinen Kunstgriff – Homburg wirft den in der Nacht ergriffenen Handschuh auf den Boden und tut, als ob er ihn gefunden habe – erkennt Homburg, dass es Natalies Handschuh ist. Alles das spielt sich gerade in dem Augenblick ab, als der Feldmarschall den Teil des Schlachtplans diktiert, der den Prinzen betrifft. Der Befehl für den Prinzen lautet, dass er sich mit seinen Regimentern bei dem Dorf Hackelwitz aufstellen und dort nach des Kurfürsten ausdrücklichem Befehl abwarten soll, bis ihm durch einen vom Kurfürsten abgesandten Offizier endgültig der Befehl zum Eingreifen überbracht werde. Der Plan sieht vor, dass ein Teil des brandenburgischen Heeres die Schweden von ihrem Brückenkopf am Rhyn abschneiden und Wrangels Truppen in die dahinter liegenden Sümpfe treiben soll. Dann wäre Homburgs Augenblick gekommen, mit der noch fri-

Schlachtplan und Handschuh

schen Reiterei das schwedische Heer völlig aufzureiben und einen vollständigen Sieg zu erringen.

Homburgs Ermahnung

Trotz der Ermahnungen seines Freundes Hohenzollern hat Homburg den Teil des Planes, der ihn angeht, nicht aufgenommen. Der Kurfürst ruft ihn ausdrücklich noch einmal zur Besonnenheit auf und weist ihn auf die große Bedeutung hin, die er dem erhofften Sieg beimisst. Dann eilt Friedrich Wilhelm mit seinem Gefolge auf das Schlachtfeld.

Sechster Auftritt

Homburg bleibt allein zurück. In einem Monolog spricht er die jubelnde Gewissheit aus, dass er durch den Sieg über die Schweden heute alles erringen werde: Ruhm und Liebe.

Zweiter Akt

Homburg siegt in der Schlacht und wird verhaftet.

Erster Auftritt

Auf dem Schlachtfeld: Oberst Kottwitz hat mit der Reiterei den zugewiesenen Platz erreicht und lässt absitzen. Mit seinen Offizieren betritt er eine kleine Anhöhe, von der aus der Verlauf der Schlacht zu übersehen ist. Man spricht von einem Unfall, der dem Prinzen zugestoßen ist, einem Sturz vom Pferd, bei dem er sich aber nur die Hand leicht verletzt hat.

Zweiter Auftritt

Freudig begrüßt Kottwitz den Prinzen. Auf die Frage Hohenzollerns erklärt Homburg, dass ein unerklärliches Gefühl ihn in den Frühgottesdienst in einer Kapelle, die an seinem Weg lag, getrieben habe. Dann fragt er den Freund nach den ihn betreffenden Einzelheiten des Schlachtplanes. Aber während Hohenzollern ihm den Plan wiederholt, steigen vor Homburgs geistigem Auge wieder die Traumbilder der vergangenen Nacht auf, und erhört nicht auf die Antwort des Freundes.

Schlacht von Fehrbellin

Kanonendonner kündigt den Beginn der Schlacht an, die der Prinz mit den Offizieren vom Hügel aus beobachtet und die dem Plan der Brandenburger gemäß verläuft. Durch verwunderte Ausrufe lässt der Prinz erkennen, dass ihm dieser Plan völlig fremd ist. Der Prinz glaubt, dass der Sieg bereits endgültig feststehe und dass er ohne ihn errungen werde. Er gibt den Befehl, zum Angriff blasen zu lassen. Vergebens versuchen die Offiziere ihn zurückzuhalten, indem sie an den ausdrücklichen Befehl des Kurfürsten erinnern. Am ehesten gewinnt er Kottwitz, indem er sein Ehrgefühl reizt. Einer der anderen Offiziere erinnert daran, dass die Rückzugswege des Feindes noch nicht vollständig gesperrt seien. Aber Homburg lässt ihn verhaften und weist ihn ausdrücklich auf die Verpflichtung des Offiziers zum unbedingten Gehorsam gegen seinen Vorgesetzten hin. Kottwitz erinnert noch daran, dass der Prinz den Angriff auf seine „Kappe“ (V. 497) nehmen müsse. Der Prinz ist dazu bereit. Die Reiterei rückt ins Feld.

Dritter Auftritt

Ein Kutschenunfall

Die Kurfürstin hat mit ihren Damen auf der Reise einen Unfall. Ein Hofkavalier tritt in ein Bauernhaus und fordert die Bauersleute auf, die Landesmutter aufzunehmen. Er berichtet, dass die Schlacht gewonnen sei.

Vierter Auftritt

Bleich und verstört tritt die Kurfürstin zusammen mit Natalie und ihren Hofdamen ein. Mit der Nachricht vom Sieg des Kurfürsten ist auch die Nachricht eingetroffen, dass er in der Schlacht gefallen sei.

Fünfter Auftritt

Verlauf der Schlacht

Rittmeister von Mörner überbringt die Todesnachricht. Er berichtet vom weiteren Verlauf der Schlacht: Der Angriff Homburgs sei zunächst zügig vorangegangen. Dann sei er auf eine vorher nicht beachtete Feldschanze gestoßen, aus der so mörderisches Feuer seinen Reitern entgegengeschlagen sei, dass er hohe Verluste erlitten habe, zurückgehen und seine Reiter erneut sammeln musste. Der Kurfürst habe gleichzeitig die Gefahr erkannt, sei ihm zu Hilfe geeilt, und, als seine Truppen zögerten, mitten im feindlichen Feuer ausgehalten, als plötzlich eine Kugel Ross und Reiter niedergeworfen hätte. Bei diesem Anblick sei der Prinz von rasender Wut und maßloser Rachebegier erfasst worden. In hemmungslosem Angriff habe er die Verschanzung überrannt und den Feind in wilde Flucht gejagt. Erst der noch nicht gesicherte Brückenkopf am Rhyn habe verhindert, dass das schwedische Heer völlig aufgerieben worden sei. Den letzten Teil des Berichtes hört die Kurfürstin nicht mehr; sie ist in Ohnmacht gefallen.

Sechster Auftritt

Nachricht vom Tod des Kurfürsten und Verlobung

Natalie steht in Tränen aufgelöst. Der herbeigeeilte Prinz tritt zu ihr. Er muss die Nachricht vom Tod des Kurfürsten bestätigen. Aber mit kühnem Mut schwört er, dass er das Rachewerk gegen die Schweden weiterführen werde und der Beschützer der Frauen sein wolle. Natalie erinnert an das Unglück ihres Lebens: Ihr Vater und ihre Mutter seien früh gestorben; ihre Besitzungen in den Niederlanden seien von den Spaniern verwüstet worden. Nun sei sie zum zweiten Mal durch den Tod des ihr väterlich zugetanen Onkels verwaist. Homburg bittet sie, ihn nicht nur als treuen Freund, sondern als Gefährten und Beschützer für das Leben anzunehmen und ihm die Hand zur Verlobung zu reichen.

Siebenter Auftritt

Ein Wachtmeister eilt herbei und berichtet von dem Gerücht, dass der Kurfürst lebe. Graf Sparren habe ihn nach der Schlacht gesehen.

Achter Auftritt

Der Kurfürst lebt

Diese Freudenbotschaft erweckt auch die Kurfürstin wieder. Graf Sparren erzählt, wie es zu dem Gerücht vom Tod des Kurfürsten gekommen sei: Sein Schimmel sei gestürzt und der Reiter tot; aber der ihn geritten habe, sei nicht der Kurfürst gewesen, da der Stallmeister Froben, der die Gefahr erkannte, die seinem Herrn von dem auffallenden Pferd drohte, im letzten Augenblick das Pferd mit ihm tauschte. Von Graf Sparren erfährt Homburg, dass der Kurfürst nach Berlin gegangen sei. Er bittet die Kurfürstin, ihn in ihrem Wagen nach Berlin mitzunehmen, und er erzählt ihr von seiner Liebe zu Natalie. Die Kurfürstin stellt sich scherzhaft ahnungslos, lässt aber durchblicken, dass sie nichts dagegen habe. Homburg fühlt sich auf dem Gipfel seines Glücks.

Neunter Auftritt

Wut des Kurfürsten

Vor dem Schloss in Berlin hat der Kurfürst zahlreiche Offiziere um sich versammelt. Scharf verurteilt er den zu früh erfolgten Angriff der Reiterei, der die vollständige Vernichtung des Feindes verhindert habe. Er ist entschlossen, den, der den Befehl zu diesem Angriff gab, vor ein Kriegsgericht zu stellen. Gleichzeitig aber ist er besorgt um den Prinzen; zweimal vergewissert er sich, dass dieser die Reiterei nicht geführt habe, und mit dem Hinweis auf den Sturz vom Pferd vor der Schlacht wird ihm versichert, dass der Prinz den Befehl zum Angriff nicht gegeben haben könne. Trotz des glänzenden Sieges ist der Kurfürst entschlossen, den Schuldigen anzuklagen, wobei für ihn das Urteil schon feststeht: Er will,

„dass dem Gesetz Gehorsam sei.
Wer's immer war, der sie zur Schlacht geführt,
Ich wiederhol's, hat seinen Kopf verwirkt,
Und vor ein Kriegsrecht hiemit lad ich ihn."
(V. 734–737)

Zehnter Auftritt

Homburg tritt mit Offizieren seines Stabs auf und bringt dem Kurfürsten eroberte schwedische Fahnen. Noch einmal sucht der Kurfürst sich zu vergewissern, dass der Prinz verwundet ist und die Reiterei nicht geführt haben kann. Als er aber erfährt, dass doch der Prinz den Befehl gegeben hat, erklärt er ihn für gefangen und befiehlt, ihm den Degen abzunehmen. Der Feldmarschall Dörfling und Obrist Kottwitz versuchen, auf ihn zugunsten des Prinzen einzuwirken, aber der Kurfürst überhört sie. Homburg ist auf das Äußerste betroffen. Als ihm der Degen abgefordert wird, fragt er erstaunt nach dem Grund. Hohenzollern erklärt ihm sein befehlswidriges Handeln. Homburg fühlt sich tief gekränkt, steht fassungs- und verständnislos dem Geschehen gegenüber. Für ihn ist die Starrheit des Gesetzes sinnlos, da es im Widerspruch zur Wirklichkeit, zum errungenen Sieg steht. Der Kurfürst aber befiehlt, ihn ins Hauptquartier nach Fehrbellin zu bringen und das Kriegsgericht einzuberufen.

Kriegsgericht

Dritter Akt

Homburg fleht verzweifelt um sein Leben.

Erster Auftritt

Im Gefängnis

Im Gefängnis zu Fehrbellin empfängt der Prinz den Besuch Hohenzollerns. Er ist überzeugt, dass dieser ihm die Begnadigung des Kurfürsten überbringt. Auch als sich diese Meinung als falsch erweist, ist er durchaus nicht niedergeschlagen. Er lässt sich von seinem Freund von der Berliner Siegesfeier berichten und erfährt, dass dabei auch sein Name auf ausdrücklichen Befehl des Kurfürsten als der des Siegers genannt wurde. Hohenzollern lenkt Homburgs Gedanken auf das Urteil des Kriegsgerichts, das auf Tod lautet. Der Prinz hält dieses Urteil für eine leere Formalität, die um des Kriegsgesetzes willen formuliert werden musste, und hofft auf die umso größere Gnade des Kurfürsten.

Homburgs Vertrauen wird erschüttert

Hohenzollern gelingt es, Homburgs Vertrauen in den Kurfürsten zu erschüttern. Die Nachricht, dass sich dieser das Urteil zur Unterschrift habe kommen lassen und dass auch der Feldmarschall, der mit dem Fürsten sprach, nicht mehr an eine Begnadigung glaube, sorgt für erste Zweifel. Erschüttert aber wird sein Vertrauen endgültig, als Hohenzollern von der Werbung des schwedischen Königs um die Hand Natalies und deren Weigerung mit der Begründung berichtet, „das Fräulein habe schon gewählt" (V. 922). Hier hat der Prinz, wie er glauben muss, durch seine Verlobung mit Natalie die Politik des Kurfürsten empfindlich gestört, die Möglichkeit verhindert, seinem Land durch die Knüpfung von Familienbanden mit dem bisherigen Feind den erwünschten Frieden zu sichern. Das Todesurteil, dessen formale Berechtigung auch der Prinz anerkennen muss, gäbe dem Kurfürsten die bequeme Möglichkeit, dieses Hindernis zu beseitigen.

Hohenzollern sieht für Homburg kein anderes Mittel der Rettung, als dass er mit der Kurfürstin spricht, auf Natalies Hand verzichtet und so das Hindernis für die Heiratspolitik des Kurfürsten aus eigenem Entschluss beseitigt. Das sieht auch der Prinz ein.

Zweiter Auftritt

Der wachhabende Offizier erhebt keinen Einspruch dagegen, dass sich der Prinz entfernen will. Sein Ehrenwort bindet ihn.

Dritter Auftritt

Im Zimmer der Kurfürstin rät diese der Nichte, durch eine Bitte beim Kurfürsten zu versuchen, das Leben des Geliebten zu retten.

Vierter Auftritt

In dem Augenblick, da Natalie die Kurfürstin verlassen und sich zum Kurfürsten begeben will, tritt eine Hofdame auf und meldet, dass der Prinz gekommen sei und „bestürzt und dringend" (V. 962) um Gehör bitte.

Fünfter Auftritt

Todesfurcht

Der Prinz stürmt herein und sinkt fassungslos der Kurfürstin zu Füßen. Er ist ergriffen von Todesfurcht; nur um das nackte Leben geht es ihm. Auf dem Weg zum Schloss hat er gesehen, wie bei Fackelschein das Grab geöffnet wurde, das ihn nach der Hinrichtung aufnehmen soll. Auch als ihn die Kurfürstin mahnt, sich mit „Mut" und „Fassung" zu „rüsten" (V. 994), spricht aus dem Prinzen die nackte Existenzangst. Ergreifend beschwört er, wie schön das Leben sei. Er will auf alle Ämter verzichten, nur leben solle man ihn lassen. Er fleht die Kurfürstin an, bei ihrem Gemahl um Gnade für ihn zu bitten. Er erklärt, dass er bereit sei, jeden Anspruch auf die Hand Natalies aufzugeben, dass sie frei sei für den schwedischen König.

Natalie, die weinend daneben steht, fordert er zur Entsagung auf. Aber sie hat sich gefasst. Entschlossen redet sie ihm zu, sich zu seiner alten Heldenkraft zu erheben. Schließlich habe er schon „tausendmal" (V. 1057) im Krieg dem Tod ins Auge gesehen. Sie selbst aber will handeln und beim Kurfürsten ein rettendes Wort für ihn wagen. Im Vertrauen auf die Geliebte geht Homburg zurück in sein Gefängnis.

Der Prinz von Homburg bittet die Kurfürstin um Hilfe, Maxim Gorki Theater Berlin 2007 © Cinetext

Vierter Akt

Der Kurfürst stellt eine Bedingung.

Erster Auftritt

Im Zimmer des Kurfürsten: Wie sie versprochen hat, bittet Natalie ihren Onkel um das Leben des Prinzen. Nicht für sich wolle sie ihn gerettet sehen, nur leben solle er. Als der Kurfürst sie auf die Verfehlung Homburgs hinweist, bringt sie zahlreiche Entschuldigungsgründe für ihn vor: seine Jugend, seine verwandtschaftlichen Beziehungen zum Kurfürsten, den edlen Beweggrund, der ihn zu der Übertretung führte, den errungenen Erfolg. Nach einem

Natalie bittet um Gnade für den Prinzen

solchen Sieg an den Buchstaben des Gesetzes festhalten zu wollen, entspreche nicht der wahren Natur des Kurfürsten.

Der Angesprochene wendet ein, dass ihre Worte ihn gerührt hätten, wenn er ein Tyrann wäre. Aber er wolle ein Vaterland von dauerndem Bestand bauen, nicht nur für sich, sondern als unvergängliches Staatswesen, das eines dauernden Gesetzes bedürfe. Natalie aber meint, dass er durch die Begnadigung erst recht das Vaterland festige. In begeisterten Worten schildert sie prophetisch die künftige Größe des Vaterlandes, das noch ganz andere Stürme überleben werde. Der Kurfürst fragt, ob Homburg auch so denke. Natalie antwortet zunächst ausweichend, dann mit Tränen, dass der Prinz in seiner Todesangst an nichts als Rettung denke. Erstaunt fragt er noch einmal und erfährt von Homburgs Besuch bei der Kurfürstin. Sofort lenkt er ein: Wenn der Prinz das Urteil des Gerichts „für ungerecht" (V. 1185) halten könne, so werde er, der Kurfürst, ihn begnadigen und freilassen. Natalie überhört diese Formulierung. Der Kurfürst aber schreibt den Brief, der den Prinzen unter der genannten Bedingung begnadigt, und übergibt ihn seiner Nichte, damit sie ihn selbst in das Gefängnis des Prinzen bringt.

Begnadigung mit Bedingung

Zweiter Auftritt

Als die Prinzessin in ihr Zimmer zurückkommt, findet sie den Grafen Reuß vor, der ihr eine Bittschrift für den Prinzen überreicht, die Kottwitz entworfen hat und die von sämtlichen Offizieren des Regiments unterschrieben ist. Auch sie als Chef des Regiments soll das Blatt unterzeichnen. Natalie ist verwundert, dass die Bittschrift nur von ihrem Regiment kommt. Sie erfährt, dass Kottwitz in Arnstein einquartiert ist und in Fehrbellin nichts unternehmen will, da ihm dies als Rebellion ausgelegt würde. Das führt Natalie auf den Gedanken, einen Brief an Kottwitz zu senden, in dem sie ihm im

Brief an Kottwitz

vorgeblichen Auftrag des Kurfürsten den Befehl übermittelt, sich mit seinem Regiment sofort nach Fehrbellin in Marsch zu setzen. Sie übergibt dem Grafen das Schreiben, fordert ihn aber gleichzeitig auf, sie zunächst auf dem Weg zum Prinzen zu begleiten und erst auf ihren Auftrag hin nach Arnstein zu reiten, um Kottwitz den Brief zu übergeben.

Dritter Auftritt

Der Prinz ist in sein Gefängnis zurückgekehrt. Seine innere Unruhe und Angst haben sich in Resignation und Enttäuschung über die Nichtigkeit des menschlichen Lebens verkehrt. In einem Monolog bringt er auf sarkastische Weise seine Gedanken über die Kürze und Vergänglichkeit des Lebens zum Ausdruck.

Vierter Auftritt

Natalie bringt dem Prinzen die Nachricht von seiner Begnadigung. Er liest, dass der Kurfürst ihn bittet, ihm zu sagen, dass ihm, Homburg, Unrecht angetan worden sei, dann werde der Kurfürst ihm gleich den Degen zurückschicken. Die erhoffte Rettung ist da, aber sie versetzt ihn in eine neue Lage. Von der Gnade des Kurfürsten erhoffte er sein Leben, ohne nach Sinn und Berechtigung des Urteils zu fragen. Natalie erkennt sofort die gefährliche Lage, in die er mit diesem Brief des Kurfürsten gerät. In ihrer Angst vor seiner Entscheidung versucht sie durch gewollte Freude ihm den Sinn des Schreibens zu verdunkeln, ihn am Nachdenken zu hindern. Sie will die Antwort des Prinzen mit allen Mitteln beschleunigen. Der Prinz zögert, will den Brief noch einmal überlesen. Sie will ihm die Antwort diktieren; aber erst, als sie ihm erneut die Todesschauer angesichts der geöffneten Gruft ausmalt, entschließt er sich mit plötzlichem Ruck zu schreiben. Die erste Fassung des Briefes zerreißt er. Erneut nimmt er den Brief des Kurfürsten in die

Entscheidung Homburgs

Hand und überliest ihn. Er erklärt, dass er das, was von ihm verlangt werde, nicht schreiben könne, weil ihm vom Kurfürsten kein Unrecht widerfahren sei. Natalie erinnert Homburg daran, dass eine solche Entscheidung für ihn den Tod bedeute. „Gleichviel!“, lautet die lakonische Antwort: „Er handle, wie er darf; / Mir ziemt's hier zu verfahren, wie ich soll!“ (V. 1374 f.) Rasch schreibt er nun, verschließt und versiegelt den Brief und gibt ihn seinem Bedienten zur Beförderung auf das Schloss. Daraufhin entsendet Natalie den Grafen Reuß mit dem Befehl, der Kottwitz sofort nach Fehrbellin ruft.

Fünfter Akt

Homburg erkennt das Todesurteil an und wird begnadigt.

Erster Auftritt

Kottwitz' Regiment trifft ein

Im Schloss zu Fehrbellin: Völlig unvorbereitet – er tritt halb entkleidet auf – erfährt der Kurfürst, dass Kottwitz mit seinem Regiment eingetroffen ist und die Reiter vor dem Schloss aufgestellt sind. Kottwitz selbst ist im Rathaus, wo sich die gesamte Generalität versammelt hat. Die Offiziere, die sich beim Kurfürsten aufhalten, bitten ihn um Urlaub, um an der Versammlung im Rathaus teilzunehmen. Nach kurzer Besinnung entlässt er sie.

Zweiter Auftritt

Der Kurfürst bleibt allein zurück. In einem Monolog zeigt er sich nur wenig besorgt über Kottwitz' Eigenmächtigkeit, die auch als Rebellion ausgelegt werden könnte. Aber der Kurfürst kennt seinen Offizier zu genau, um zu wissen, dass von ihm keine Meuterei zu erwarten ist. Er ruft einen Bedienten, den er zum Stadthaus schickt, um unauffällig herauszufinden, was es dort gibt. Dann lässt er sich das fürstliche Gewand bringen und kleidet sich an.

Dritter Auftritt

In höchster Aufregung eilt der Feldmarschall Dörfling herein mit dem Ruf „Rebellion, mein Kurfürst!“ (V. 1428) Er berichtet hastig die unerwarteten jüngsten Vorfälle: das Einrücken des in Arnstein einquartierten Regiments ohne Befehl, die Versammlung von hundert Offizieren, die eine Bittschrift zugunsten des Prinzen zur Unterschrift umhergehen lassen. Der Kurfürst überrascht ihn mit der ruhigen Entgegnung: „So ist mein Herz in ihrer Mitte.“ (V. 1442) Der Feldmarschall bittet den Kurfürsten, wenn dieser Gnade üben wolle, es sofort zu tun, ehe etwas Gefährliches passiere. Der Kurfürst antwortet ausweichend, dass er vorher erst den Prinzen selbst fragen müsse.

Versammlung der Offiziere

Vierter Auftritt

Ein Bedienter meldet das Eintreffen der Offiziere, ein zweiter überbringt den Brief des Prinzen. Als der Kurfürst ihn gelesen hat, lässt er sich das Todesurteil und den Pass für den schwedischen Gesandten bringen. Dann befiehlt er das Erscheinen der Offiziere.

Fünfter Auftritt

In tiefer Ergebenheit will Kottwitz dem Kurfürsten die Bittschrift für den Prinzen überreichen. Bevor dieser sie annimmt, fragt er ihn nach seinem überraschenden Eintreffen in Fehrbellin. Der über diese Frage betroffene Kottwitz zeigt ihm die Order der Prinzessin. Sofort erfasst der Kurfürst die Lage und erkennt stillschweigend den Befehl als eigenen an. Er kündigt Kottwitz an, dass er mit seinem Regiment dazu bestimmt sei, dem Prinzen die letzten Ehren zu erweisen. Dann nimmt er dem Bestürzten die Bittschrift ab. Der Kurfürst wundert sich darüber, dass Kottwitz die Tat des Prinzen nun in Schutz nimmt, gegen die er sich doch auf dem Schlachtfeld gewehrt habe. Er beharrt auf dem „Gesetz“ (V. 1567), das er als die

Bittschrift für den Prinzen

„Mutter" (V. 1568) seiner Krone bezeichnet. Dagegen erklärt Kottwitz, dass es noch ein höheres Gesetz als das geschriebene, formale gebe: das Vaterland, die Krone, die Person des Fürsten selber. Der blinde Gehorsam gegen die Buchstaben des Gesetzes würde das Heer zu einem toten Werkzeug machen, das Gefühl töten. Auch wenn der Kurfürst den Prinzen hinrichten lasse, würde er, Kottwitz, im gleichen Fall so handeln, wenn er auch mit seinem Leben dafür bezahlen müsse. Dieser von Liebe und Pflichtbewusstsein diktierten Rede kann der Kurfürst nichts mehr entgegensetzen. Deshalb schickt er nach dem Prinzen, damit dieser seine, des Kurfürsten, Sache vertrete.

Ereignisse im Schlossgarten in der Nacht vor der Schlacht

Während Homburg geholt wird, versucht Hohenzollern erneut auf den Kurfürsten einzuwirken. Er erinnert ihn an die Ereignisse im Schlossgarten in der Nacht vor der Schlacht. Der Scherz des Kurfürsten habe den Prinzen völlig von der Gegenwart abgelenkt, umso mehr, als der Handschuh der Prinzessin ihm Klarheit über seine Liebe zu ihr brachte. Das habe ihn unfähig gemacht, das Diktat des Feldmarschalls aufzunehmen. So werde der Kurfürst selbst der Schuldige. Der Kurfürst aber fügt Hohenzollerns Beweiskette ein weiteres Glied hinzu: Dadurch, dass Hohenzollern ihn mit seinem Gefolge in jener Nacht in den Schlossgarten gerufen habe, werde Hohenzollern selbst der Schuldige.

Die Mitschuld des Kurfürsten

Sechster Auftritt

Ein Offizier meldet, dass der Prinz auf dem Weg ins Schloss sei. Unterwegs habe er sich noch einmal den Friedhof öffnen lassen, um das Grab zu sehen, das für ihn vorbereitet worden sei.

Siebenter Auftritt

Homburg tritt auf und liest die Bittschrift, die Kottwitz im Namen der Offiziere für ihn überreicht hat. Gerührt über die Zuneigung und das Vertrauen, das sich ihm so kundgibt, dankt er dem Waffengefährten, fordert ihn aber dann auf, sogleich nach Arnstein zurückzukehren und nichts weiter zu unternehmen. Er sei entschlossen, die ihm zuerkannte Strafe zu erleiden. Auf die verwirrten Ausrufe der Offiziere hin begründet er seinen Entschluss:

> „Ich will das heilige Gesetz des Kriegs,
> Das ich verletzt, im Angesicht des Heers,
> Durch einen freien Tod verherrlichen!"
> (V. 1750–1752)

Durch seinen Tod will er dazu beitragen, dass sich „der Brandenburger" (V. 1761) für immer auf dem angestammten Grund behaupten kann. Als Zeichen der Versöhnung bittet er darum, dass der Frieden nicht mit Natalies Hand erkauft, sondern der Krieg gegen die Schweden fortgesetzt werde. Gerührt küsst der Kurfürst ihm die Stirn und sagt ihm feierlich die Erfüllung seiner Bitte zu. Er erklärt Natalie zu „Prinz Homburgs Braut" (V. 1790) und verkündet, dass der „Geist" (V. 1792) des dem „Gesetz" (V. 1791) geopferten Prinzen im Kampf gegen den Feind, den er „zu Staub" (V. 1789) malmen wolle, den Fahnen voranschreiten werde. Dann befiehlt er, Homburg in sein Gefängnis zurückzuführen.

Achter Auftritt

Erschüttert fleht Natalie den Prinzen an, die Offiziere versuchen ihm zuzureden, aber Homburg bleibt fest bei seinem Entschluss. Er hat mit der Welt abgeschlossen.

Neunter Auftritt

Ergriffen sehen alle den Prinzen fortgehen. Kottwitz will sich kalt vom Kurfürsten abwenden. Da enthüllt dieser endlich seinen

Entschluss. Er lässt dem schwedischen Gesandten seinen Pass zustellen; in drei Tagen werde der Krieg erneut beginnen. Dann erinnert er die Offiziere daran, dass Homburg ihn dreimal am vollständigen Sieg gehindert habe. Auf die abschließende Frage, ob sie es zum vierten Mal mit ihm wagen wollten, bejahen alle begeistert. Der Kurfürst ist überzeugt, dass die „Schule dieser Tage" (V. 1822) den Prinzen gewandelt habe und dieser sich keinen Ungehorsam mehr leisten werde. Dann zerreißt er das Todesurteil.

Der Kurfürst zerreißt das Todesurteil

Zehnter Auftritt

Mit verbundenen Augen wird der Prinz in den Schlossgarten geführt. Durch seinen bevorstehenden Tod glaubt er, die „Unsterblichkeit" (V. 1830) zu erlangen. Er fühlt sich befreit und himmelwärts getragen. Blumenduft rührt seinen Sinn an. Rittmeister Stranz, der ihn führt, reicht ihm eine Nelke. Der ganz der Wirklichkeit entrückte Prinz träumt davon, sie „zu Hause" (V. 1845) in Wasser zu stellen.

Elfter Auftritt

Aus dem Schlosstor tritt wie in der ersten Szene der Kurfürst mit seinem ganzen Gefolge und den Offizieren. In der Hand hält er den Lorbeerkranz mit der darum geschlungenen goldenen Kette. Der Prinz glaubt, dass der letzte Augenblick gekommen sei. Stranz nimmt ihm die Binde ab. Auf Homburgs Frage, ob seiner „Leiden letzte Stunde" geschlagen habe, antwortet Stranz mit „Ja!" (V. 1850). Doch statt des erwarteten Todes verwirklicht sich das vermeintliche Traumbild aus der ersten Szene: Natalie krönt den erstaunten Prinzen mit dem Lorbeerkranz, hängt ihm die goldene Kette um und drückt seine Hand an ihr Herz. Homburg fällt in Ohnmacht, aber der Kurfürst lässt ihn durch Kanonenschüsse wecken; ein Marsch erklingt und das Schloss wird erleuchtet. Kottwitz und die Offiziere jubeln ihm als dem Sieger der Schlacht von Fehrbellin zu. Noch glaubt Homburg zu träumen, was ihm von Kottwitz sogar bestätigt wird. Das Stück endet mit dem Ruf der Offiziere, erneut in den Krieg zu ziehen: „In Staub mit allen Feinden Brandenburgs!“ (V. 1858)

3.3 Aufbau

ZUSAMMEN-FASSUNG

Der äußeren Form nach ist *Prinz Friedrich von Homburg* wie ein klassisches Drama in fünf Akten aufgebaut. Dem entspricht auch die symmetrische Anordnung von Szenen und Gegenszenen. Dies bleibt jedoch nur äußerlich, die innere Handlung wird keinem Ausgleich zugeführt, sie bleibt von Widersprüchen und Dissonanzen behaftet.

Zwischenform von Trauer- und Lustspiel

Die Frage nach der Form des Prinzen von Homburg scheint durch den Untertitel „Ein Schauspiel" auf den ersten Blick beantwortet zu sein. Ein „Schauspiel" bezeichnet zwar zunächst nur ein Drama im Allgemeinen, „im engeren Sinne" aber eine „Zwischenform von Trauer- und Lustspiel, die unter Wahrung der ernsten Grundstimmung zur friedlichen Überwindung des Konflikts durch rechtzeitige Besinnung des Helden und zum Sieg des Guten führt"[16]. Legt man diese Definition zugrunde, scheint Kleists *Prinz Friedrich von Homburg*, der zudem die Reihe der seit Goethes *Götz von Berlichingen* in der deutschen Literatur beliebten und von Schiller perfektionierten Geschichtsdramen fortführt, die Kriterien der Gattung mustergültig zu erfüllen und den klassischen Vorbildern innerhalb der damaligen zeitgenössischen deutschen Literatur – etwa Lessings *Nathan der Weise*, Goethes *Iphigenie auf Tauris* und Schillers *Wilhelm Tell* – zu folgen. Als „Zwischenform" steht das Schauspiel zwar „der Form nach der Tragödie" näher, erreicht aber „nicht die Höhe des Tragischen", unterscheidet sich von der Tragödie „durch die untragische Entwicklung im ernsten, aber glücklichen – jedoch

16 Wilpert, S. 819.

nie ausgesprochen komischen – Ausgang“[17] und nähert sich so der Tragikomödie an.

Tragische Elemente

Da der Schluss des Prinzen von Homburg jedoch nur auf einer oberflächlichen Ebene als „glücklich“ bezeichnet werden kann und – je nach Betrachtungsweise – auch tragische Elemente enthält, ist Kleists letztes Drama oft auch als Tragödie[18], Homburg oft als ein tragischer Held bezeichnet worden. Eine Tragödie stellt einen „ungelöst bleibenden tragischen Konflikt“ dar, „der das Geschehen zum äußeren oder inneren Zusammenbruch führt“, was sehr häufig im Tod des Helden gipfelt, aber nicht zwingend: Das Scheitern des tragischen Helden kann sich auch – wie etwa in Schillers Don Karlos oder Goethes Torquato Tasso – in dessen „Unterliegen vor dem Ausweglosen“[19] manifestieren. Tragisch in diesem Sinn ist Homburgs Schicksal insofern, als er sein Ziel – Ruhm und „Unsterblichkeit“ (V. 1830) durch einen „freien Tod“ (V. 1752) zu erlangen – am Schluss gerade nicht erreicht, sondern ihm paradoxerweise die Rolle eines tragischen Helden verweigert wird, indem ihm seine vorherigen Wünsche – die Verehrung als Sieger in der Schlacht und die Hand seiner Geliebten – scheinbar erfüllt werden. Gerade dies kann aber auch eine komische – oder, genauer, tragikomische – Komponente enthalten. Die Gattungsbezeichnung „Komödie“ für den *Prinzen von Homburg* wäre jedoch eher unpassend, da dies den im Stück dargestellten Konflikt als „nur scheinbaren“ kennzeichnen würde, der „mit heiterer Überlegenheit über menschliche Schwächen gelöst wird“[20]. Dies mag zwar für das Verhalten des Kurfürsten zutreffen, entspricht aber kaum

Tragikomische Komponente

---

17 Ebd., S. 819 f.
18 Sehr früh bereits von Friedrich Hebbel in einer Rezension des Schauspiels im Jahr 1850 (siehe Sembdner, *Nachruhm*, S. 506).
19 Wilpert, S. 960.
20 Ebd., S. 468.

dem Zustand des Prinzen in der Schlussszene und schon gar nicht dem martialischen Gebrüll der Offiziere, welches den Beginn eines Vernichtungskrieges ankündigt.

Ohne Zweifel werden im *Prinzen von Homburg* die „Seinsfragen der Menschheit um Freiheit und Notwendigkeit, Charakter und Schicksal, Schuld und Sühne, Ich und Welt"[21] verhandelt, wie es für die Tragödie typisch ist. Auch formal hält sich das Schauspiel zumindest auf den ersten Blick an die **Merkmale einer klassischen Tragödie**. So ist die Forderung nach den drei Einheiten nahezu erfüllt. Die Hauptfiguren sind, wie es ebenfalls von einer Tragödie im Sinne des Aristoteles verlangt wird, höhergestellte Personen, Fürsten, Prinzen und adlige Offiziere. Zudem verwendet Kleist den Blankvers, seit Lessings *Nathan* der typische Vers des klassischen deutschen Dramas, womit er auch die Forderung nach gehobener Sprache in der Tragödie erfüllt.

Dramenpyramide in fünf Akten

Wie die meisten klassischen Dramen seit Shakespeare ist Kleists Stück in fünf Akte eingeteilt, die exakt dem Schema entsprechen, das **Gustav Freytag** später allgemein als „pyramidalen Bau"[22] des Dramas beschrieben hat. Der I. Akt bietet die Exposition des sich anbahnenden Konflikts zwischen einem Individuum, dem von Ruhm und Liebesglück träumenden Prinzen, und dem „Befehl" (V. 6), den Normen und Gesetzen der bestehenden Gesellschaftsordnung. Im II. Akt steigert sich die Handlung mit einer Reihe von erregenden Momenten: Homburgs befehlswidrigem Angriff in der Schlacht, der Falschmeldung vom Tod des Kurfürsten und deren Berichtigung, der Verlobung des Prinzen mit Natalie und schließlich seiner Verhaftung. Der III. Akt führt daraufhin mustergültig mit Homburgs tiefer Verzweiflung angesichts des Todesurteils und

---

21 Ebd., S. 960.
22 Freytag, S. 100.

der bevorstehenden Hinrichtung und seinem Bittgang zur Kurfürstin, wobei er auf alles außer dem bloßen Leben verzichtet, den Höhe- und Wendepunkt der dramatischen Handlung herbei. Das Angebot des Kurfürsten im IV. Akt, den Prinzen unter der Bedingung zu begnadigen, dass dieser behaupte, ihm sei mit dem Urteil Unrecht widerfahren, und die daraufhin erfolgende Ablehnung dieses Angebots und Bestätigung des Todesurteils durch Homburg stellen retardierende Momente dar, welche eine Lösung des Konflikts (bzw. die Katastrophe) im V. Akt hinauszögern.

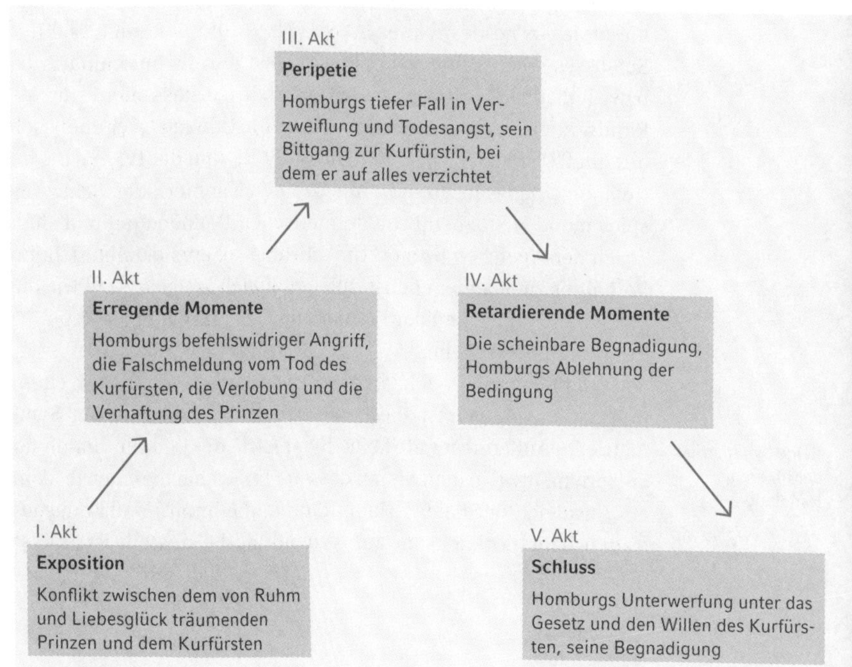

Symmetrische Anordnung von Szenen und Gegenszenen

Dem tektonischen Aufbau des Dramas entspricht zudem die symmetrische Anordnung von Szenen und Gegenszenen, so dass die Forschung von einem „Höhepunkt" und einer „Vollendung dieser Darstellungstechnik", der „dialektischen Komposition", im *Prinzen Friedrich von Homburg* gesprochen hat, die eine „vollkommene Harmonie des Baus"[23] vermittele. Dabei ergeben die erste und die letzte Szene, die beide im Garten vor dem Schloss spielen (I/1–4 und V/10–11), zusammen eine ringförmige Struktur, wobei die Symmetrie noch weiter reicht: Denn wie die Randszenen entsprechen einander auch die zweite Szene des ersten (I/5–6) und die erste Szene des letzten Akts (V/1–9), die beide im Saal des Schlosses spielen und bei denen es sich jeweils um militärische bzw. höfische Beratungsszenen handelt, so dass nicht nur die Randszenen, sondern die Randakte im Ganzen „symmetrisch gestaltet"[24] sind. Hinzu kommt, dass der III. und der IV. Akt, die im Gefängnis des Prinzen bzw. in einzelnen Zimmern des Schlosses spielen und weitgehend von dramatischen Dialogen geprägt sind, „nach dem gleichen Szenen-Umkehrungsschema gebaut, d. h. im Verhältnis zueinander ebenso spiegelbildlich angelegt sind wie die beiden Randakte" und der IV. Akt „in jeder Einzelheit als Replik"[25] des III. Aktes erscheint.

Keine Symmetrie der inneren Handlung

So auffällig die Regelmäßigkeit in der äußeren Form durchgeführt ist, so deutlich ist aber auch zu erkennen, dass dieser Symmetrie im Äußeren gerade keine Symmetrie der inneren Handlung entspricht, etwa in dem Sinne, dass am Ende eine Symmetrie, d. h. ein Ausgleich der beiden Hauptfiguren, die ihren Konflikt ausgetragen haben, gleichsam auf Augenhöhe hergestellt ist. Kleist

---

23 Schmidt, S. 137.
24 Ebd., S. 138.
25 Ebd., S. 139.

dichtet damit gerade nicht die klassische Dramatik weiter, wie sie ihren Ausdruck etwa in Goethes Iphigenie auf Tauris gefunden hat oder in Schillers Maria Stuart, wo die zum Tode verurteilte und hingerichtete Königin am Ende als die moralische Siegerin triumphiert. In Kleists *Prinz Friedrich von Homburg* triumphiert am Ende der den Staat repräsentierende Kurfürst, während das in seinen Wünschen und Hoffnungen enttäuschte Individuum zu einem leidvollen Weiterleben in einer von Krieg geprägten Wirklichkeit verurteilt ist. Äußere Form und innere Handlung stehen in einem Widerspruch zueinander, wie überhaupt die innere Widersprüchlichkeit (einer Vielzahl von Motiven, wie etwa dem Garten, dem Schloss und der Nacht, des Diskurses über Gesetz und Gefühl sowie der Figuren) ein strukturelles Grundprinzip des Dramas darstellt. Damit thematisiert der *Prinz Friedrich von Homburg* etwas, was das klassische Drama Goethes und Schillers in diesem Ausmaß nicht kennt: die Identitätskrise des Individuums, die mit den strukturellen Gegebenheiten des klassischen Dramas nicht vereinbar ist.

Grundprinzip des Dramas: innere Widersprüchlichkeit

3.4 Personenkonstellation und Charakteristiken

ZUSAMMEN-FASSUNG

Von den zahlreichen Figuren, die mit Ausnahme der namenlosen Soldaten, Hofbediensteten und der nur als Statisten auftretenden Menschen aus dem Volk alle der brandenburgischen Herrscherfamilie oder dem hohen Offizierskorps angehören, werden hier fünf ausführlich vorgestellt:

Prinz Friedrich Arthur von Homburg:

- → Titelfigur, ein jugendlicher Draufgänger und Träumer
- → charakterlich schwankend und seiner Identität unsicher
- → einerseits selbstbezogen, ehrgeizig und aggressiv
- → andererseits einsam und verzweifelt

Friedrich Wilhelm, Kurfürst von Brandenburg:

- → Repräsentant der staatlichen Ordnung
- → selbstherrlich und aggressiv
- → verfolgt machtpolitische Ziele

Prinzessin Natalie von Oranien:

- → Spielball in den Händen des Kurfürsten und des Prinzen
- → ergreift vorübergehend die Initiative

Obrist Kottwitz:

- → Kontrast- und Komplementärfigur zu Homburg
- → trotz Widersprüchen dem Kurfürsten treu ergeben

Graf Hohenzollern:

- → Homburgs Freund und Vertrauter
- → verhält sich widersprüchlich

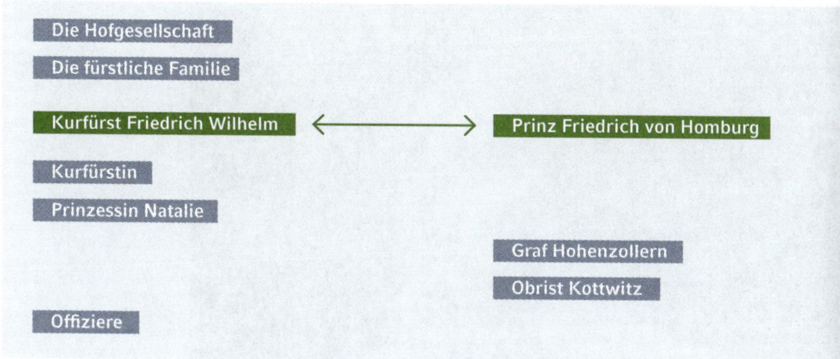

Prinz Friedrich Arthur von Homburg

Jugendlicher Draufgänger und Träumer

Die Hauptfigur des Stücks erscheint von Anfang an als ein jugendlicher Draufgänger und Träumer, der sich in einem Konflikt mit den Konventionen und Anforderungen der Gesellschaft befindet. „Mit bloßem Haupt und offner Brust“, wie ein Held aus der Sturm-und-Drang-Literatur, sitzt der Prinz „halb wachend“ und „halb schlafend“, auf der Grenze zwischen Bewusstsein und Traum also, in einem „Garten im altfranzösischen Stil“, der den Absolutismus symbolisiert und gleichsam die Zähmung der ‚wilden‘ Natur durch Disziplinierung. Als Soldat und General der Reiterei ist er dem „Befehl“ (V. 6) des Kurfürsten unterworfen, gleichzeitig wird er mit diesem Beginn, wenn die Hofgesellschaft aus dem Schloss kommt und sich über den Träumer lustig macht, als **Außenseiter** dargestellt, der sich nach einer anderen Existenz sehnt, nach einer Existenz außerhalb des Militärs, denn Helm und Rüstung hat er abgelegt. Hohenzollern nennt ihn zwar „tapfer“ (V. 1) und einen „Helden“ (V. 23), zugleich aber einen „Nachtwandler“ (V. 24), der sich somit außerhalb der Konventionen bewegt und bei der ihn umgebenden Gesellschaft auf Unverständnis stößt.

Bruno Ganz als Prinz von Homburg, Theateraufführung 1972 © ullstein bild – Heuer

Dass er sich in einer Identitätskrise befindet, wird zudem dadurch deutlich, dass er an keiner Stelle des Schauspiels mit seinem ersten Vornamen „Friedrich“ angesprochen wird – dieser Name erscheint in Bezug auf den Prinzen nur im Titel des Stücks, innerhalb des Schauspiels wird so nur der Kurfürst angeredet, der den gleichen Vornamen trägt –, sondern nur (von Hohenzollern) mit seinem zweiten Vornamen „Arthur“[26] oder mit Umschreibungen wie „junger Mann“ (V. 32), „junger Prinz“ (V. 401, 1733), „junger Herr“ (V. 413, 478), „junger Held“ (V. 1053, 1776) oder „junger Träumer“ (V. 1708). Neben seiner **Jugendlichkeit** sticht von Anfang an auch seine **Selbstbezogenheit** hervor, etwa wenn er „sich träumend, seiner eignen Nachwelt gleich“ (V. 27), einen „Kranz des Ruhmes“ (V. 28) windet, wobei der Wunsch nach Ruhm und Unsterblichkeit nur um den Preis des Todes erfüllt werden kann, wenn bereits hier von der „eignen Nachwelt“ die Rede ist.

Identitätskrise

Gleichzeitig, während im 1. Auftritt seine geheimen Wünsche offenbart werden, wird der Prinz zum Versuchsobjekt des Kurfürsten degradiert, der sehen will, „wie weit er's treibt“ (V. 64). Herauskommt, dass der Prinz nicht nur nach Unsterblichkeit durch militärischen Ruhm verlangt, sondern auch nach der Liebe Natalies, der seine ersten Worte im Stück gelten (V. 65) und über die er gegenüber dem Kurfürsten in die Rolle des Sohnes treten will: „Friedrich! Mein Fürst! Mein Vater!“ (V. 67), ruft er, was von allen als ungeheuerliche Anmaßung empfunden wird. Der Kurfürst stößt ihn daraufhin im übertragenen Sinn wieder dahin zurück, wo er vorher schon war: „ins Nichts“ (V. 74).

Versuchsobjekt des Kurfürsten

Indem er sich an diesen Vorfall zunächst als Traum erinnert, der aber daraufhin immer mehr mit der Wirklichkeit verschmilzt, wird Homburg in seinem Streben nach Ruhm in der Schlacht bestärkt,

Verschmelzen von Traum und Wirklichkeit

---

26 Siehe dazu S. 79 dieser Erläuterung.

was er zunehmend **aggressiv** zum Ausdruck bringt. Nachdem er bereits in seinem Monolog am Ende des I. Akts sein „Glück" (V. 358) im wahrsten Sinne des Wortes erzwingen will, wird er im Verlauf der Schlacht, als sein Erster Offizier ihn daran hindern will, zu früh die Reiterei ins Feld zu schicken, handgreiflich (siehe Bühnenanweisungen nach V. 485 und 488 und in V. 489) und beruft sich auf jene „Zehn märkischen Gebote" (V. 487), die Verpflichtung zu unbedingtem Gehorsam also, die er dadurch aber selber – mit Berufung auf sein „Herz" (V. 475) – verletzt.

Wie Mörner später erzählt, hat Homburg durch seinen verfrühten Angriff sich und seine Reiter in Gefahr (siehe V. 531–535) und die Brandenburger insgesamt in eine kritische Lage gebracht, so dass der Kurfürst gezwungen ist, selber einzugreifen, und erst der vermeintliche Tod des Kurfürsten veranlasst Homburg aus „Wut" und „Rache" (V. 552) zu dem entscheidenden Angriff, der ihn zum Sieger von Fehrbellin macht. Danach verlässt er seine Truppen, um sich seine persönlichen Wünsche zu erfüllen: Er sucht Natalie auf und bietet sich als ihr Beschützer und in dieser Rolle als Nachfolger des Kurfürsten an und in einem Atemzug auch gleich als Beschützer und ‚Befreier' des ganzen Landes (siehe V. 581–586). Auf die Nachricht, dass der Kurfürst noch lebt, reagiert der Prinz mit einem abgebrochenen „Nein, sag –" (V. 617), was auf unbewusste Ablehnung schließen lässt, besteht während Sparrens Bericht darauf, dass er den Kurfürsten „in Staub" habe „niederstürzen" (V. 634) sehen, und reagiert auf Sparrens Antwort, dies sei „nicht der Herr" (V. 636) gewesen, ungläubig: „Nicht? Nicht der Herr?" (V. 637), was sowohl Staunen als auch Enttäuschung ausdrücken kann. Mit den Worten: „Genug! Zur Sache jetzt" (V. 682) lenkt er vom Thema ab, und sogar Sparren staunt darüber, dass Homburg keine Ahnung davon hat, dass der Kurfürst bereits einen Waffenstillstand ausgehandelt hat und nach Berlin abgereist ist.

Staunen oder Enttäuschung?

Ungläubiges Staunen und Trotz sind auch Homburgs Reaktionen, als der Kurfürst ihm wegen seines Verhaltens in der Schlacht den Degen abnehmen und gefangen nehmen lässt. Wieder redet er den Kurfürsten mit seinem Vornamen „Friedrich" (V. 777) an und verlagert den Konflikt auf die persönliche Ebene, indem er sich zu weigern vorgibt, für ihn den zum Tode verurteilten „Sohn" (V. 782) zu spielen, der den Gesetzesrigorismus des ‚Vaters' bewundern soll. Mit einer Vollstreckung des Urteils rechnet er zunächst freilich nicht; umso plötzlicher stürzen ihn die Nachrichten, die ihm Hohenzollern im Gefängnis mitteilt, in einen Zustand des ‚Verlorenseins' (V. 931). Schnell ist sein Vertrauen in den Kurfürsten erschüttert, und so vermessen zuvor seine Wünsche im Hinblick auf Ruhm und Erhöhung waren, so tiefer fällt er nun in **Verzweiflung** und ist plötzlich bereit, auf alles – Ruhm, Ehre, Liebe – zu verzichten, wenn er bloß sein nacktes Leben behalten darf. Was ihm vorher das Höchste war, verneint er nun in seinem absoluten Gefühl von **Einsamkeit** und Unzulänglichkeit, und es gehört eine gehörige Portion Zynismus dazu, in Gegenwart der stummen und weinenden Natalie auf die Geliebte zu verzichten, sie für „frei" (V. 1026) zu erklären für den schwedischen König bzw. ihr zu empfehlen, „ins Stift der Jungfraun" (V. 1045) zu gehen. Vollkommen desillusioniert äußert er sich auch nach der Rückkehr ins Gefängnis über die Nichtigkeit des menschlichen Lebens und die Verlorenheit des Ichs in einer sinnlosen Welt (siehe V. 1286–1296).

Zustand des ‚Verlorenseins'

Homburg hat mit dem Leben abgeschlossen. Nur vor diesem Hintergrund ist die neuerliche Wendung zu verstehen, wenn Natalie ihm den Brief des Kurfürsten überbringt, in dem dieser ihm anbietet, ihn zu begnadigen, wenn er das Urteil für ungerecht erklären könne. „Er handle, wie er darf" (V. 1374), sagt er über den Kurfürsten und macht damit klar, dass ihm dessen Entscheidung, die offenbar auf absolutistischer Willkür beruht, gleichgültig ist.

Statt sein bloßes Leben zu retten, sieht er in dem Brief eine neuerliche Möglichkeit, seinen alten Wunsch nach Erhöhung auf einer anderen Ebene – nun, da er im Kontakt mit dem Tod steht – zu erfüllen: Aus dem Brief liest er allein die Information heraus, dass er selber vom Kurfürsten „zur Entscheidung“ aufgerufen sei (V. 1342), und fühlt sich damit ihm gleichgestellt: „Ich will ihm, der so würdig vor mir steht, / Nicht, ein Unwürdger, gegenüber stehn!“ (V. 1380 f.) Von einer Anerkennung seiner Schuld kann keine Rede sein, vielmehr von einer Anerkennung der uneingeschränkten Autorität des Fürsten und vom Willen, diesem gleichgestellt zu sein, bzw. von Stolz und Eigensinn, wenn er sagt, dass er „nichts von seiner Gnade wissen“ wolle, wenn er sich mit ihm um Recht oder Unrecht „streiten“ solle (V. 1384 f.).

Anerkennung der uneingeschränkten Autorität des Fürsten

Der Irrglaube, er sei vom Kurfürsten erhöht worden, und nicht etwa Einsicht in irgendeine Schuld veranlasst ihn also zu erklären, dass er „das heilige Gesetz des Kriegs“ „durch einen freien Tod verherrlichen“ wolle (V. 1750–1752), was schon die Wortwahl verrät, denn mit dem „heiligen Gesetz“, das der Fürst verkörpert, dem er sich ebenbürtig erklärt, will er auch sich selbst „verherrlichen“ und gleichsam unsterblichen Ruhm erlangen. Indem er erklärt, es gelte „den verderblichsten / Der Feind’ in uns, den Trotz, den Übermut“ (V. 1756 f.) zu besiegen, erweist er sich selbst als **eitel und überheblich**. Gleichzeitig ist er auch hier, am Ende, wie am Anfang und im gesamten Verlauf des Stücks immer noch das Versuchsobjekt des Kurfürsten, der ihn für seine eigenen Zwecke instrumentalisiert, der ihn einen „Helden“ (V. 1776) nennt, dessen Opfertod zum Fanal zur Fortsetzung des Krieges wird, der diesmal den uneingeschränkten „Sieg“ (V. 1789) und die Vernichtung des äußeren Feindes bringen soll. Natalie, aus der die Stimme der Liebe spricht, weist der Prinz brüsk zurück (siehe V. 1802 f.); „mit der Welt“ hat er abgeschlossen (V. 1807). Vom Tod erwartet er den

Ersehnte Erhöhung durch Hinrichtung

Übergang zur „Unsterblichkeit“ (V. 1830) und das Ende seiner „Leiden“ (V. 1850), das jedoch nicht erfolgt. Auf die Begnadigung und die Wiederholung jener vermeintlichen Traumszene vom Beginn des Stücks reagiert der Prinz mit einer „Ohnmacht“ (Bühnenanweisung vor V. 1852), aus der er mit „Kanonenschüssen“ und Marschmusik (nach V. 1853) gewaltsam geweckt wird. Dass dieses Zurückholen in eine ungeliebte Wirklichkeit für Homburg einer Hinrichtung gleichkommt, hat schon Hohenzollern anfangs bei seinem ersten Erwachen aus einem Traum antizipiert: „Da liegt er; eine Kugel trifft nicht besser!“ (V. 88) Auch am Schluss ist der Prinz der **Außenseiter**, der er immer schon war, in die kriegerische Gemeinschaft ist er nur gewaltsam integriert, diese Fortsetzung eines Lebens, mit dem er abgeschlossen hat, will er lieber für einen „Traum“ (V. 1856) als für Realität halten. In den das Stück abschließenden Schlachtruf stimmt er nicht mit ein,[27] vielmehr befindet er sich in jenem „Nichts“ – man könnte auch sagen: im „Staub“ (V. 1858) –, in dem er von Anfang an war.

Friedrich Wilhelm, Kurfürst von Brandenburg

Der Kurfürst ist der Gegenspieler des Prinzen und damit die zweite Hauptfigur des Schauspiels. Im Kontrast zu dem jugendlichen Draufgänger und Träumer, der gegen die Normen und Erwartungen der Gesellschaft verstößt und stets seinem „Herzen“ (V. 475, 784 u. ö.) zu folgen scheint, repräsentiert der Kurfürst die staatliche Ordnung, das Gemeinwesen und das „Gesetz“ (V. 734, 1567 u. ö.) bzw. die „Satzung“ (V. 774, 1144), welche den Staat zusammenhält und sein Überleben garantiert. Doch wie der Prinz ist auch der Kurfürst eine in sich widersprüchliche Figur. Er behauptet zwar durchgehend und mit deutlicher Abgrenzung zum

Repräsentant der staatlichen Ordnung

---

27 Vgl. Kluge, S. 287 f.

Prinzen, dass er als Repräsentant des Staates und des „Gesetzes" sich eben nicht von Gefühlen und Leidenschaften bestimmen lassen darf, kann diesen Anspruch selber aber nicht erfüllen.

Zweifelhafter „Scherz"

Bereits in der Anfangsszene des Stücks ist sein Verhalten äußerst zweifelhaft, wenn er zusammen mit der Hofgesellschaft „heimlich" aus dem Schloss heraus in den Garten tritt und sich mit dem schlafwandelnden Prinzen einen „Scherz" (V. 83) erlaubt und mit dem, wie er ihn nennt, „jungen Toren" (V. 55) gleichsam einen Versuch anstellt: „Ich muss doch sehn, wie weit er's treibt!" (V. 64), sagt er und entlockt durch das Spiel mit Kranz und Kette und unter Beteiligung Natalies seinem Opfer die geheimsten Wünsche. Kaum offenbart der Prinz seine Sehnsucht nach Ruhm und Erhöhung – er spricht den Fürsten mit seinem Vornamen und als seinen „Vater" (V. 67) an –, stößt der so Angeredete den Träumer mit auffällig überzogener **Aggressivität** „ins Nichts" zurück und verweist ihn auf die raue Realität des Krieges: „Ins Nichts, ins Nichts! In dem Gefild der Schlacht, / Sehn wir … uns wieder! / Im Traum erringt man solche Dinge nicht!" (V. 75–77)

In der am darauffolgenden Tag stattfindenden Schlacht fällt der Kurfürst, nachdem Homburg mit seiner Reiterei gegen den Befehl zu früh angegriffen hat, ähnlich wie der Prinz durch übermütiges und leichtsinniges Verhalten auf: „Jeder Warnung taub" (V. 641), erzählt Sparren, habe der Kurfürst den Schimmel geritten und sich so zum „Ziel der feindlichen Kanonenkugeln" (V. 645) gemacht; von allen Seiten unter Beschuss habe er auch noch **selbstherrlich** vom Pferd gewunken (siehe V. 652), und hätte sein Stallmeister Froben nicht die Pferde gewechselt und sich für seinen Herrn geopfert, wäre er tatsächlich selber ein Opfer seines Übermuts geworden. Selbst nur mit Glück bzw. aufgrund des beherzten Eingreifens eines anderen dem Tod entronnen, gibt der Kurfürst nach der Schlacht den rigorosen Vertreter des Gesetzes, das denjenigen, der das Gebot des absoluten Gehorsams missachtet, zum Tode verurteilt. Nur scheinbar wahrt der Fürst dabei jedoch die Unabhängigkeit des Gerichts, welches das Urteil zu fällen hat, indem er bestimmt: „Wer immer auch die Reuterei geführt, / … / Der ist des Todes schuldig" (V. 715–720), und damit das Urteil des Gerichts vorwegnimmt – allerdings im Glauben, dass es der Prinz nicht gewesen sei. Was sich anhört wie der unbedingte „Gehorsam" vor dem „Gesetz" (V. 734), ist in Wirklichkeit die „Legalisierung höchster Willkür"[28]; denn der Kurfürst sieht seine Autorität verletzt, und die Insubordination hat am Ende trotz des Sieges die vollständige Vernichtung des Feindes verhindert.

Dass es sich bei dem Gesetz, das den unbedingten Gehorsam gegenüber dem Befehl des Vorgesetzten vorschreibt, um Willkür handelt, wird zudem dadurch deutlich, dass der Kurfürst in der darauffolgenden Szene, als er erfährt, dass es doch der Prinz gewesen ist, der die Reiterei geführt hat, und ihm den Degen abnehmen lässt, sich diesem gegenüber genauso – nur kontrollierter – verhält, wie der Prinz sich zuvor in der Schlacht gegenüber seinem Ersten Offizier verhalten hat. Nur die Motive sind andere: Während es dem Prinzen um persönlichen Ruhm und Erhöhung ging, will der Kurfürst seine Autorität aufrechterhalten und seine machtpolitischen Ziele verfolgen.

Machtpolitische Ziele

Dass die machtpolitischen Überlegungen des Kurfürsten auch bei der Frage einer möglichen Begnadigung eine Rolle spielen, wird in der darauffolgenden Szene deutlich, wenn sowohl Hohenzollern als auch Homburg es für möglich halten, dass der Kurfürst das Todesurteil vollstrecken lässt, weil er damit ein Hindernis für einen außenpolitischen Schachzug aus dem Weg räumen könnte. Das Vertrauen des Prinzen in den Kurfürsten, dessen „stolzen

---

28 Horn, S. 136.

Geist" (V. 913) er verletzt hat, wird dadurch nachhaltig erschüttert, er stürzt in tiefste Verzweiflung, und das nicht ganz zu Unrecht, denn dass der Kurfürst sich später zusammen mit dem „Todesurteil" den „Pass" für den „schwedischen Gesandten" bringen lässt (V. 1479–1481), zeigt, dass beides in einem engen Zusammenhang steht.

Willkür und Eigennutz

Bei genauerem Hinsehen zeigt sich also, dass das Verhalten des Kurfürsten entgegen seinen eigenen Beteuerungen durchaus von Willkür und Eigennutz bestimmt ist und dass er sich von einem „Tyrannen" (V. 1112) bzw. einem „Dei von Tunis" (V. 1412), der er vorgibt nicht zu sein, eigentlich nur dadurch unterscheidet, dass er seine Tyrannei hinter angeblicher Gesetzestreue und dem Wohl des „Vaterlandes" (V. 1121) verbergen kann, dem auch er als Fürst verpflichtet sei. Wenn er sich aber weigert, „den Spruch / Den das Gericht gefällt", zu „unterdrücken" (V. 1115 f.), weil sonst das „Vaterland" in Gefahr gerate, übersieht er, dass ihm das Gericht ausdrücklich das Recht zur Begnadigung freigestellt hatte (siehe V. 883 f.). Um die Allgemeingültigkeit des Gesetzes oder gar um so etwas wie Gerechtigkeit scheint es ihm gar nicht zu gehen, vielmehr nur darum, wie er die Situation am günstigsten für sich ausnutzen kann.[29]

Vollends deutlich wird dies im Gespräch mit Natalie, wenn er sich höchst erstaunt darüber zeigt, dass der Prinz um Gnade fleht (siehe V. 1156 f., 1159), und dann das macht, was er zuvor noch als „Willkür" (V. 1144) gebrandmarkt hat: Er begnadigt den Prinzen und will ihn freilassen – allerdings unter der Bedingung, dass dieser erklärt, dass er „ungerecht" (V. 1185) behandelt worden sei, womit diesmal nicht nur Homburg zu seinem Versuchsobjekt wird,

Das Gesetz als Versuchsobjekt

---

29 Siehe dagegen Leistner, S. 153 f.

vielmehr auch das Gesetz selber.[30] Denn zu diesem Zeitpunkt kann sich der Kurfürst nicht sicher sein, wie der Prinz auf sein Angebot reagieren wird. Auch Natalie misstraut – trotz ihrer Freude über die Begnadigung und obwohl sie den Bedingungssatz überhört hat – dieser neuerlichen Wendung (siehe V. 1200 f.) und ergreift im Folgenden selber die Initiative, indem sie dafür sorgt, dass ein Bittgesuch an den Kurfürsten unterschrieben und Kottwitz nach Fehrbellin beordert wird. Und auch Homburg erkennt, nachdem er den Brief des Kurfürsten gelesen hat, dass dieser wie ein absolutistischer Fürst agiert, der über den Gesetzen steht und „handele, wie er darf" (V. 1374).

Insofern ist auch die Selbstaussage des Kurfürsten, dass er ja nicht der „Dei von Tunis" (V. 1412) – also ein Despot – sei, zweideutig: Denn die Tatsache, dass er sich in seinem Monolog so ausführlich über diese Art der Problemlösung Gedanken macht, zeigt, dass sie für ihn durchaus im Rahmen des Möglichen liegt. Er lehnt sie nur deshalb ab, weil er weiß, dass von „Hans Kottwitz aus der Priegnitz" (V. 1417) keine Gefahr ausgeht. Von da an geht es bei der Frage um die Begnadigung des Prinzen nur noch um die Aufrechterhaltung seiner, des Kurfürsten, Autorität und nicht mehr um das „Gesetz". Er kann den Prinzen jetzt nicht einfach begnadigen, weil er damit dem Druck der Offiziere nachgeben und seine Autorität aufs Spiel setzen würde. Deshalb braucht er den Prinzen, missbraucht ihn abermals für seine eigenen Zwecke. Erst nachdem dieser feierlich in das Todesurteil eingewilligt und erklärt hat, „das heilige Gesetz des Kriegs" durch seinen Tod „verherrlichen" zu wollen (V. 1750–1752), schwört der Kurfürst seine Offiziere auf ei-

Aufrechterhaltung seiner Autorität

30 Kant schreibt in der *Metaphysik der Sitten* (1797): „Das Begnadigungsrecht (...) ist wohl unter allen Rechten des Souveräns das schlüpfrigste, um den Glanz seiner Hoheit zu beweisen und dadurch doch in hohem Grade unrecht zu tun." (Kant, S. 337)

nen Neubeginn des Krieges ein und präsentiert sich als unumschränkter Herrscher. Der begnadigte Prinz, mit dem er in der Schlussszene ein letztes, grausames Spiel treibt, indem er eine Scheinhinrichtung inszeniert, ist – nachdem er „die Schule dieser Tage“ (V. 1822) durchgemacht hat – ein Werkzeug in der Hand des Fürsten, das – wie auch Kottwitz meint (siehe V. 1826–1828) –, sich niemals wieder einem Befehl widersetzen wird.

Prinzessin Natalie von Oranien

Natalie ist die Nichte des Kurfürsten, der seit dem frühen Tod ihrer Eltern für sie die Rolle des Vaters angenommen hat. Als „Chef eines Dragonerregiments“ besitzt sie ein Ehrenamt (ohne militärische Befehlsgewalt), das seit der preußischen Heeresreform von 1808, seitdem Regimenter nicht mehr nach Generalen und Kommandeuren benannt wurden, sondern nach Standorten, nur die 1810 verstorbene Königin Luise innehatte. Die Umbenennung der Regimenter sollte dazu beitragen, dass die Soldaten sich patriotisch mit ihrem Land identifizieren und für dessen Verteidigung und Ruhm kämpfen (statt für den Ruhm eines Heerführers). Das als einzige Ausnahme nach der Königin benannte Regiment hatte also eine besondere Auszeichnung erhalten, indem es gleichsam für die Landesmutter als dem Symbol des gesamten „mütterlichen Grundes“ (V. 1760) zu kämpfen hatte. Natalie ist somit – zusammen mit ihrem von Kleist erfundenen Namen, der an Geburt und Neuanfang erinnert, sowie mit ihrer Herkunft aus der Familie der Oranier, die den Freiheitskampf der Niederlande gegen „Spaniens Tyrannenheere“ (V. 594) anführten – eine symbolische Figur, die zugleich das Land (die Nation), den Freiheitskampf und den Beginn einer neuen Zeit verkörpert, womit Homburgs Liebe zu ihr eine utopisch-politische Dimension bekommt. Ohnehin hat die Verbindung der beiden durch die Konstellation „Prinz“ und „Prin-

Symbolische Figur

zessin“ (so werden sie häufig auch genannt) eine märchenhafte Komponente.

Auffällig ist, dass Natalie vom Anfang des Stücks bis zum Ende, wo sie jeweils Teil einer vom Kurfürsten arrangierten Inszenierung wird, gleichsam ein Spielball in den Händen der beiden männlichen Hauptfiguren ist, die sie jeweils für ihre Wünsche und Zwecke instrumentalisieren. Zwar ist sie in der ersten Szene im Garten neben der Kurfürstin die Einzige, die das unwürdige Spiel der Hofgesellschaft mit dem schlafwandelnden Prinzen zunächst nicht mitmachen will und sieht, dass er Hilfe braucht (siehe V. 33), doch wird sie kurz darauf passiv zum Teil des Experimentes, das der Kurfürst mit Homburg anstellt. Die Verlobung der beiden erfolgt dann unmittelbar nach dem Sieg in der Schlacht, und zwar in jenem kurzen Augenblick, als beide glauben, dass der Kurfürst tot sei: Während Natalie traurig ist, ihren Beschützer verloren zu haben und abermals verwaist zu sein, bietet sich Homburg nicht nur als ihr Beschützer an, sondern gleich als Beschützer und Befreier des ganzen Landes.

Spielball in den Händen der beiden männlichen Hauptfiguren

Die Liebe der beiden ist also von Anfang an mit merkwürdigen Vorzeichen versehen. Besonders deutlich wird dies in der ‚Todesfurchtszene‘, wenn Homburg plötzlich vorgibt, auf alles Äußerliche, alles außer dem nackten Leben, zu verzichten: auf Ansehen, seine Stellung, Ehre, Ruhm, Glück und auch auf Natalie, welcher er empfiehlt, ins Kloster zu gehen. Die Prinzessin hingegen, die während des gesamten Auftritts bis dahin stumm und weinend danebengesessen hat, erhebt sich daraufhin, spricht den Prinzen als „jungen Helden“ (V. 1053) an und fordert ihn auf, „tapfer“ (V. 1072) wie in der Schlacht zu sein: Auch sie liebt Homburg nicht als Person, sondern als den „Helden“, den sie in ihm sehen will, was auch in der darauffolgenden Szene deutlich wird, wenn sie beim Kurfürsten um das Leben des Prinzen bittet, vorgibt, ihn nicht für sich

Liebe unter merkwürdigen Vorzeichen

selbst „erhalten wissen" zu wollen (V. 1083 und 1085), und bedauert, „welch ein Heldenherz" der Kurfürst „geknickt" habe (V. 1155). Ein Prinz, der kein Held ist, ist für sie „ganz unwürdig" und „ein unerfreulich, jammernswürdger Anblick" (V. 1165 f.).

Gleichzeitig versucht sie, den Konflikt zwischen dem Kurfürsten und Homburg, zwischen dem „Gesetz" und dem „Herzen", dadurch zu lösen, dass sie das „Vaterland" (V. 1121), das der Kurfürst als ihm selbst übergeordnete Instanz bezeichnet, die es zu beschützen gelte, neu definiert: Sie fordert eine Synthese aus „Kriegsgesetz" und „lieblichen Gefühlen" (V. 1129 f.), erst beides zusammen lasse das „Vaterland" erblühen.

Ergreift Initiative

Die plötzliche Gnade des Kurfürsten ist der Prinzessin freilich nicht geheuer; sie hält sie für einen Akt der Willkür (siehe V. 1200 f.) und zieht es vor, vorsichtshalber selber die Initiative zu ergreifen, indem sie die Regimenter das Bittgesuch unterschreiben lässt und Kottwitz nach Fehrbellin beordert. Auch ahnt sie, dass das bevorstehende Gespräch mit dem Prinzen nicht so verlaufen könnte, wie sie wünscht (siehe V. 1284 f.). Während der Kurfürst also sein taktisches Spiel mit Homburg weitertreibt, versucht Natalie alles, um den Prinzen zu retten. Dass dieser sich weigert, pro forma auf die Bedingung des Kurfürsten einzugehen und sein Leben zu retten, entsetzt sie; sie kann ihren Geliebten nicht begreifen. Zwar schickt sie noch den Grafen Reuß los, der den Brief an Kottwitz überbringen soll, aber ihre aktive Rolle, die sie im IV. Akt hatte, ist damit ausgespielt. An den Vorgängen im V. Akt ist sie nicht oder nur passiv beteiligt. Zum Spielball in den machtpolitischen Überlegungen des Kurfürsten wird sie, wenn der Kurfürst, nachdem der Prinz sich gleichsam selbst zum Tode verurteilt hat, dem schwedischen Gesandten ausrichten lässt, dass Natalie „Prinz Homburgs Braut" sei, der „dem Gesetz verfiel" (V. 1790 f.), eines Toten Braut also, wodurch auch sie geopfert wird. Wenn sie kurz darauf noch einmal die Bühne betritt und ihrer Liebe Ausdruck verleihen will, hat sie bereits alle Hoffnung verloren, der Prinz verabschiedet sich lediglich mit einem aggressiven „Hinweg!" (V. 1803), woraufhin auch sie, wie er, mit der Welt abschließt (siehe V. 1808 f.). In der Schlussszene ist sie wie am Anfang nur ein passiver Teil der vom Kurfürsten durchgeführten Inszenierung; ihre letzten Worte (V. 1852) ein eher deplatzierter Kommentar. Von Liebe hört man hier nichts mehr, nur noch Kanonendonner und Kriegsgeschrei.

Obrist Kottwitz

Kottwitz nimmt im Schauspiel insofern eine zumindest gegenüber den anderen auftretenden Offizieren herausgehobene Rolle ein, als er nicht nur im V. Akt als Wortführer derer auftritt, die den Kurfürsten überreden wollen, den Prinzen zu begnadigen – wobei dem Obristen mit 39 Versen der mit Abstand längste ununterbrochene Redebeitrag des gesamten Stücks zuerkannt wird (V. 1570–1608). Vielmehr kommt ihm auch in der Schlussszene eine besondere Funktion zu, weil er es ist, der die letzte Frage des Prinzen „Nein, sagt! Ist es ein Traum?" beantwortet: „Ein Traum, was sonst?" (V. 1856). Damit spricht er die letzten, freilich rätselhaften Worte des Stücks, in denen es nicht nur noch um Krieg und die Vernichtung eines äußeren Feindes geht.

Längster Redebeitrag

Seinen ersten Auftritt hat Kottwitz zu Beginn des II. Akts – an der Gartenszene am Anfang des Stücks ist er nicht beteiligt, auch nicht an der anschließenden Befehlsausgabe im Schloss –, und dieser erste Auftritt stellt ihn als einen Menschen dar, der einerseits das irdische Leben und die Natur liebt, aber andererseits von Alter und Hinfälligkeit des „Leibes" (V. 373) gezeichnet ist. Insofern ist der Oberst eine Kontrast- und Komplementärfigur zu Homburg, dem jugendlichen Helden, der den Idealen des Ruhmes und

Kontrast- und Komplementärfigur zu Homburg

der Unsterblichkeit hinterherjagt. Kottwitz freut sich über den „schönen Tag" (V. 384), die „Sonne" und die „Wolken" (V. 387) und bedauert, dass in solch schöne Natur der Krieg einbrechen wird (siehe V. 386). Damit befindet sich der alte Krieger, ähnlich wie Homburg, in einer Krise seiner Identität, wie bereits seine Aussage, dass „sich Leib und Seele kämpfend trennten" (V. 373), die sowohl auf ihn persönlich bezogen als auch allgemeingültig verstanden werden kann, einen solchen Konflikt anspricht. Kottwitz wirkt wie ein alt gewordener Prinz von Homburg, der seine Wünsche aufgegeben hat und gelernt hat zu gehorchen.

Dem Prinzen verweigert er nicht die Gefolgschaft, als dieser zu früh in die Schlacht zieht, verlangt von seinem Vorgesetzten, nachdem dieser ihn mit einem Appell an sein „Herz" (V. 475) überzeugt hat, lediglich, die Sache auf seine eigene „Kappe" (V. 496) zu nehmen. Der Kurfürst muss sich um seinen „Hans Kottwitz aus der Priegnitz" (V. 1417) keine Sorgen machen, auch wenn dieser plötzlich mit seinem Regiment vor dem Schloss steht. Rebellion ist von seiner Seite nicht zu befürchten. Er ist derjenige, der – obwohl von „unsichrer Bildung" (V. 1218) und an das Schreiben nicht gewohnt – das Bittgesuch an den Kurfürsten verfasst und diesem überreicht. In der anschließenden Diskussion – die freilich nur eine Scheindiskussion ist, weil der Kurfürst sich längst entschieden hat – hält er ein flammendes Plädoyer für das „Vaterland", die „Krone" und die Person des Fürsten, die alle drei zusammen über dem „Buchstab" des Gesetzes stünden (V. 1572 f.); eindringlich appelliert er an den Fürsten, das Heer nicht zu einem leblosen „Werkzeug" (V. 1580) zu machen – „solch eine Lehre" könnte sich nur die „schlechte, / Kurzsichtge Staatskunst" (V. 1583 f.) ausgedacht haben, die aber in Situationen unzulänglich sei, wo „die Empfindung einzig retten" könne (V. 1587). „Frei" und „unabhängig" (V. 1592) will Kottwitz sein Leben für den Fürsten einsetzen

Paradoxe Verbindung von Freiheit und Unterwerfung

und dafür zur Not auch sein Leben opfern – eine paradoxe Verbindung von Freiheit und Unterwerfung, die der Kurfürst als „spitzfündgen Lehrbegriff der Freiheit" (V. 1619) verspottet. Wenn der Kurfürst dann Homburg kommen lässt, damit dieser seinen Begriff von Freiheit vortrage – dieser will „durch einen freien Tod" dem „heiligen Gesetz des Kriegs" (V. 1750–1752) ein Denkmal setzen –, ist Kottwitz freilich „gerührt" (Bühnenanweisung vor V. 1763) und küsst Homburg die Hand (siehe V. 1764). Als dann später der Kurfürst endlich die Begnadigung mitteilt, ist es Kottwitz, der mit zweideutigen Worten bestätigt, dass sich der Prinz von nun an wohl niemals mehr eine Insubordination leisten würde, auch wenn das Leben des Fürsten auf dem Spiel stünde (siehe V. 1826–1828).

Graf Hohenzollern

Der Graf von Hohenzollern nimmt im Schauspiel die klassische Rolle des Freundes und Vertrauten der Hauptfigur ein. Homburg spricht ihn meistens mit seinem Vornamen „Heinrich" (V. 111 u. ö.) an, an einer Stelle mit „Heinz" (V. 102). Vorname, Grafentitel und Geschlechtsname, der mit dem Namen der preußischen Herrscherdynastie identisch ist, könnten auf eine literarische Anspielung hindeuten, auf Novalis' 1802 erschienenen Roman *Heinrich von Ofterdingen*, in dem ein „Graf von Hohenzollern" erwähnt wird.[31] Mit seiner Schrift *Glauben und Liebe oder Der König und die Königin*, in der er das preußische Königspaar zu Repräsentanten eines „poëtischen Staats"[32] erklärte, entwarf Novalis die romantische Vision einer Synthese aus Monarchie und Demokratie, eine Vision, die auch in Kleists Stück thematisiert wird.

Freund und Vertrauter

Romantische Synthese aus Monarchie und Demokratie

---

31 Siehe S. 80 und 101 dieser Erläuterung (Anm. zu V. 1845).
32 Novalis, Bd. 2, S. 468.

Hohenzollern spricht die ersten Verse des Schauspiels: Er erinnert den Kurfürsten, der mit seinem Gefolge auf die Rampe des Schlosses getreten ist, daran, dass er Homburg befohlen habe, mit seiner Reiterei „dem Wrangel“ (V. 8) entgegenzuziehen, und macht ihn auf den immer noch in Fehrbellin weilenden, im Schlossgarten schlafwandelnden Prinzen aufmerksam, der sich einen Ruhmeskranz windet. Dieses Verhalten lässt Hohenzollerns Freundschaft mit Homburg in einem ungünstigen Licht erscheinen, ebenso wie einiges, was er anschließend über seinen Freund sagt. So wiegelt er die Aufforderung der Frauen ab, dem Kranken zu helfen, und nennt sein Schlafwandeln „eine bloße Unart seines Geistes“ (V. 39); und indem er den Kurfürsten wiederholt auf den „Siegeskranz“ (V. 58) verweist und spöttisch bedauert, dass „kein Spiegel“ (V. 60) da sei, in dem sich der träumende Prinz betrachten könne, stachelt er den Kurfürsten zu jenem nur scheinbar harmlosen Spiel an, das den Konflikt des Dramas auslöst.

Widersprüchliches Verhalten

Auch im Folgenden verhält sich Hohenzollern gegenüber seinem Freund widersprüchlich, wenn er, nachdem der Kurfürst mit seinem Gefolge ins Schloss zurückgegangen ist, zum einen den Prinzen aufweckt und ihn ermahnend an seine Pflichten erinnert, zum anderen aber seinem Freund von dem Spiel, das mit ihm getrieben worden ist, nichts sagt. Vielmehr lässt er ihn bewusst in Unwissenheit und setzt den „Scherz“ noch fort, wenn er Homburg raten lässt, wer die Dame, die ihm den Kranz gereicht hat, gewesen sei. Auch später, nachdem der Prinz gefangen gesetzt und zum Tode verurteilt worden ist, scheint er auch eigene Interessen zu verfolgen, wenn er bei seinem Besuch im Gefängnis Homburgs Zuversicht im Hinblick auf eine Begnadigung durch den Fürsten nachhaltig erschüttert und ihm als einziges Mittel der Rettung empfiehlt, die Kurfürstin aufzusuchen und auf Natalies Hand zu verzichten.

Im V. Akt, bei der Unterredung der Offiziere mit dem Kurfürsten, will Hohenzollern seinen Fehler vom Beginn wiedergutmachen. Er schiebt dem Kurfürsten selbst die Verantwortung für Homburgs Insubordination zu, indem er ihn an die Ereignisse im Schlossgarten in der Nacht vor der Schlacht erinnert. Er erzählt auch den Vorfall mit Natalies Handschuh und erklärt, dass Homburg von diesen Ereignissen so abgelenkt gewesen sei, dass er die ihm geltenden Anweisungen bei der Befehlsausgabe nicht habe mitbekommen können. Dabei unterschlägt Hohenzollern nicht nur seinen eigenen Anteil an jenen Ereignissen, sondern übertreibt im Gegenzug das Ausmaß des Vertrauensverhältnisses zum Prinzen, wenn er sagt, dieser habe ihn vor der Schlacht mit „Liebster" (V. 1699) angesprochen, obwohl er ihn tatsächlich nur bei seinem Vornamen genannt hat (siehe V. 416). Ein Bewusstsein von seiner eigenen Verantwortung scheint der Graf nicht zu besitzen, was auch dem Kurfürsten auffällt, der sich auf Hohenzollerns Argumentation nicht einlassen will, sie ad absurdum führt, aber gerade dadurch, dass er nun seinerseits den Grafen als den eigentlich Schuldigen bezeichnet, indirekt zugibt, dass der unwissende und unzurechnungsfähige Prinz für sein Vergehen nicht bestraft werden kann.

Kein Verantwortungsbewusstsein

Bei der inszenierten Wiederholung der Gartenszene am Schluss spielt Hohenzollern keine aktive Rolle mehr. Auffällig ist lediglich, dass er als Einziger dem in Ohnmacht gefallenen Freund zu Hilfe kommt (siehe V. 1852).

3.5 Sachliche und sprachliche Erläuterungen

SEITE	TEXT	ERLÄUTERUNG
3 (nur Reclam)	**Prinzessin Amalie Marie Anne**	Prinzessin Amalie Marie Anne (1785–1846), genannt Prinzessin Marianne, eine Urenkelin des historischen Prinzen Friedrich von Hessen-Homburg, war seit 1804 mit Prinz Wilhelm (1783–1851) verheiratet, dem jüngsten Bruder König Friedrich Wilhelms III. von Preußen; nach dem Tod der Königin Luise (1776–1810) übernahm sie die Pflichten einer ersten Dame des königlichen Hauses. – Das Widmungsgedicht findet sich nur im Heidelberger Manuskript des Schauspiels, nicht im Erstdruck.
	Barde	ursprünglich keltischer Hofdichter des Mittelalters. Der Typus des Barden vereinte als vaterländischer Sänger Poetisches und Soldatisches.
2 (Hamburger Lesehefte) 4 (Reclam)	**Friedrich Wilhelm, Kurfürst von Brandenburg**	Friedrich Wilhelm (1620–1688) war seit 1640 Kurfürst von Brandenburg und ebnete mit seiner Reformpolitik und dem Sieg über die Schweden im Nordischen Krieg (1674–1679) den Weg für den späteren Aufstieg Brandenburg-Preußens zur Großmacht; seit der Schlacht bei Fehrbellin (1675) trug er den Beinamen „der Große Kurfürst".
	Die Kurfürstin	Friedrich Wilhelm war seit 1668 mit Dorothea von Holstein-Glücksburg verheiratet; der Name „Elisa" (V. 233) erinnert an Luise Henriette von Nassau-Oranien, die 1667 verstorbene erste Ehefrau des Kurfürsten und Tochter des Statthalters der Niederlande.
	Prinzessin Natalie von Oranien	von Kleist erfundene Figur; der Name *Natalie* stammt aus dem Lateinischen (‚dies natalis') und bedeutet „Tag der Geburt (Christi)". – In den Romanen *Wilhelm Meisters Lehrjahre* (1795/96) von Goethe und *Siebenkäs* (1796/97) von Jean Paul tragen zentrale weibliche Figuren jeweils den Namen „Natalie".

SEITE	TEXT	ERLÄUTERUNG
	Dragoner-regiments	Dragoner: berittene Infanterie mit leichten Handfeuerwaffen. – Der militärische Rang des „Chefs eines Dragonerregiments" ist ein Ehrenamt, wie es zu Kleists Zeit nur die 1810 verstorbene Königin Luise innehatte.
	Dörfling	Namensangleichung an den Feldmarschall Georg von Derfflinger (1606–1695). – Die Namen der meisten im Stück auftretenden Offiziere ähneln den Namen von Offizieren, die entweder zur Zeit der Schlacht von Fehrbellin im Dienst waren oder der militärischen Rangliste Preußens von 1806 entnommen sind.
	Prinz Friedrich Arthur von Homburg	Landgraf Friedrich II. von Hessen-Homburg (1633–1708) war seit 1670 General der Kavallerie in der brandenburgischen Armee und spielte eine wichtige Rolle in der Schlacht bei Fehrbellin, wo er als Führer der Vorhut entgegen dem Befehl den Kampf eröffnete. – Der zweite Vorname „Arthur" ist von Kleist erfunden; Häker hält es für wahrscheinlich, dass Kleist damit auf Arthur Wellesley anspielt, den Herzog von Wellington (1769–1852),[33] der seit 1807 als Oberbefehlshaber der britischen Truppen auf der iberischen Halbinsel die in dieser Zeit einzigen militärischen Erfolge gegen die Franzosen erzielen konnte. – Mommsen hingegen sieht in dem Namen „Arthur" eine Anspielung auf den Prinzen Arthur in Shakespeares *König Johann*.[34]
	Reuterei	Reiterei

33 Siehe Häker, S. 141.
34 Siehe Mommsen, S. 197–199.

SEITE	TEXT	ERLÄUTERUNG
	Obrist Kottwitz	Ein Hauptmann dieses Namens übernahm in der Schlacht von Fehrbellin die Führung eines Dragonerregiments. – Zur Entstehungszeit des Stücks lebte ein Hans Ernst von Kottwitz (1757–1843), ein Vertreter der protestantischen Erweckungsbewegung in Preußen; er gründete 1808 in Berlin eine „Freiwilligen-Armen-Beschäftigungsanstalt" mit Unterkunft und Arbeitsmöglichkeiten für bis zu 600 Arbeitslose. – *Obrist*: Oberst
	Infanterie	Truppe der meist zu Fuß mit der Waffe in der Hand kämpfenden Soldaten
	Graf Hohenzollern	von Kleist erfundene Figur. – Ein „Graf von Hohenzollern" begegnet im Gespräch zwischen dem Pilgrim und dem Mädchen in Novalis' *Heinrich von Ofterdingen*.[35] – Siehe auch Anm. zu V. 1845 auf S. 101 dieser Erläuterung.
	Suite	Gefolge, (militärische) Begleitung
	Korporale	Unteroffiziere
	Reuter	Reiter
	Hofkavaliere	Edelleute am Fürstenhof
	Pagen	adlige Hofknaben
	Heiducken	aus Ungarn stammende Lakaien (fürstliche Diener) bzw. Lakaien in ungarischer Uniform

35 Novalis, Bd. 1, S. 325.

VERS	TEXT	ERLÄUTERUNG

Erster Akt

VERS	TEXT	ERLÄUTERUNG
vor 1	**Fehrbellin**	rund 60 km nordwestlich von Berlin gelegene kleine Stadt in der Mark Brandenburg. Ein Schloss gab es dort nicht. – In der Schlacht bei Fehrbellin (1675) besiegten die Brandenburger die in das Land eingedrungenen Schweden.
	Garten im altfranzösischen Stil	Der von Ludwig XIV. angeregte und von André Le Notre gestaltete Gartenstil, exemplarisch in Versailles, repräsentiert den Absolutismus.
	Rampe	Auffahrt, die von zwei Seiten zum Portal des Schlosses führt

Erster Akt, erster Auftritt

VERS	TEXT	ERLÄUTERUNG
vor 1	**Eiche**	Die Eiche, das Symbol der Stärke, der Männlichkeit und des Heldentums stellt im ornamental gestutzten französischen Garten einen Fremdkörper dar. – Seit Klopstocks Drama *Hermanns Schlacht* (1769) gilt die Eiche auch als Sinnbild der deutschen Nation: „O Vaterland, o Vaterland! / … / Du gleichst der dicksten, schattigsten Eiche / Im innersten Hain, / Der höchsten, ältesten heiligen Eiche, / O Vaterland!“[36] – Siehe auch Klopstocks Ode *Thuiskon*, V. 7.
1	**Vetter**	Sammelbezeichnung für alle nahen Verwandten männlichen Geschlechts; im übertragenen Sinn als ehrende Anrede, v. a. unter Fürsten.

---

36 Klopstock, Bd. 6, S. 95 f.

VERS	TEXT	ERLÄUTERUNG
8	**Wrangel**	der schwedische Generalleutnant Waldemar von Wrangel (1641–1675), Halbbruder des Feldmarschalls Karl Gustav von Wrangel, des Oberbefehlshabers für das gesamte schwedische Heer. – Ein schwedischer Oberst Wrangel tritt in Schillers *Wallensteins Tod* (I/5) auf.
9	**Rhyn**	Nebenfluss der Havel
11	**Schwadronen**	Abteilungen der Reiterei, die einem Rittmeister unterstanden
13	**Glock zehn**	um zehn Uhr
24	**Nachtwandler**	Schlafwandler. – Das Schlafwandeln galt zu Kleists Zeit als Krankheit.
45	**Demant**	Diamant
46	**Laub der Weide**	im Lied der Desdemona in Shakespeares *Othello* (IV/3) das Zeichen unglücklicher Liebe
47	**Lorbeer**	Der Lorbeer war in der Antike ein Symbol der Unsterblichkeit sowie des Siegs und des Ruhms, mit dem sowohl Feldherrn als auch Künstler bekränzt wurden. – Siehe auch Anm. zu V. 172–174 auf S. 84 dieser Erläuterung.
50	**märkschen Sand**	die trockene, unfruchtbare Erde der Mark Brandenburg, die den Ruf hatte, „des Heiligen Römischen Reiches Streusandbüchse" zu sein
57	**Sterngucker**	abwertend für Sterndeuter (Astrologen); möglicherweise eine Anspielung auf den Astrologen Seni in Schillers *Wallenstein*
63	**florne Haube**	Haube aus dünngewebtem Stoff
vor 65	**Halskette**	Amtskette des Herrschers
75	**in dem Gefild**	auf dem Feld

VERS	TEXT	ERLÄUTERUNG

Erster Akt, vierter Auftritt

VERS	TEXT	ERLÄUTERUNG
98	**Mamelucken**	ursprünglich türkische Sklaven in Ägypten, welche die Leibwache der Sultane bildeten und 1251 die Herrschaft an sich rissen; ihr Name wurde in Europa bekannt, als Napoleon Bonaparte 1798 ihre berühmte Reiterei besiegte und Muhammad Ali 1811 ihre Führer ermorden ließ. Da Napoleon einen Mamelucken als Leibwächter einstellte, wurde „Mamelucken" auch zum Schimpfwort für die Bonapartisten. – Der abwertende Wortgebrauch begegnet z. B. auch in Schillers Ballade *Der Kampf mit dem Drachen* (V. 277).
116	**umgewandelt**	(im Schlaf) umhergewandelt
132	**gleichviel**	einerlei, gleichgültig, egal. – Das Wort wird von Homburg häufig verwendet (siehe V. 154, 156, 796 f., 886, 1374), gelegentlich auch vom Kurfürsten (V. 729, 1731) und dem Grafen Hohenzollern (V. 774, 948).
136	**Parole**	Tagesbefehl
158	**Stirn des Zeus**	Mommsen sieht in dem Vergleich des Kurfürsten mit dem griechischen Göttervater einen Beleg für ihre These, dass der Kurfürst mit Zügen Goethes ausgestattet sei.[37]
166	**Preußen**	um 1675 nur auf das Herzogtum Preußen (Ostpreußen) bezogen, das der brandenburgische Kurfürst Johann Sigismund 1618 geerbt hatte

---

37 Siehe Mommsen, S. 202.

VERS	TEXT	ERLÄUTERUNG
172–174		In der letzten Szene in Goethes *Egmont* erscheint Klärchen Egmont im Traum als Freiheitsgöttin, „neigt sich gegen den schlafenden Helden … und reicht ihm einen Lorbeerkranz … Sie hält den Kranz über seinem Haupte schwebend"[38]. – In Goethes *Torquato Tasso*, I/3, setzt die Prinzessin Leonore von Este dem Dichter Tasso einen Lorbeerkranz aufs Haupt.[39]
172	**Genius des Ruhms**	von lat. *genius* „Schutzgeist", ein göttliches Wesen als Begleiter des Menschen. – Im Dresdner Johanneum hing seit 1746 das allegorische Gemälde *Der Genius des Ruhmes* von Annibale Caracci.
196	**traun**	Partikel der Versicherung und Beteuerung (veraltet)

Erster Akt, fünfter Auftritt

vor 219	**Kollett**	lederne Reitjacke
221	**Vortrab**	berittene Vorhut
233	**Elisa**	Siehe Anm. auf S. 78 dieser Erläuterung zur Kurfürstin im Personenverzeichnis
235	**Kalkhuhns**	Ein Johann Friedrich Kalkhuhn war seit 1627 Erzieher des späteren Kurfürsten Friedrich Wilhelm, sein Bruder Gerhard Romilian setzte sich für den Aufbau eines stehenden Heeres ein
249	**Durchlaucht**	Titel für Personen im Fürstenrang
251	**Brückenkopf**	befestigter Raum eines Flussübergangs, der den eigenen Truppen einen schlagkräftigen Übergang zum Angriff ermöglichen soll

38 Goethe, Abt. I, Bd. 5, S. 550.
39 Siehe ebd., S. 746.

VERS	TEXT	ERLÄUTERUNG
283	**außer dem Kanonen-schusse**	außerhalb der Reichweite der Kanonen
309	**Trift**	sumpfige Niederung vor dem Fluss
313	**Fanfare**	kurzes Horn- oder Trompetensignal, Zeichen zum Angriff
vor 314	**kompli-mentieren**	sich (hier: vor der Kurfürstin) verneigen
347	**pünktlich**	Punkt für Punkt, genau
349 f.	**am Ufer … verscherzt**	Die der Schlacht bei Fehrbellin vorangegangenen Gefechte bei Neu-Breisach und Türkheim im Elsass (1675) während des Reichskriegs gegen Frankreich gingen ohne Schuld des Prinzen von Hessen-Homburg verloren.
350	**regier dich**	beherrsche dich
355	**Kugel**	traditionelles Sinnbild der Unbeständigkeit des Glücks

Zweiter Akt, erster Auftritt

368	**Ouf!**	französische Interjektion (im Deutschen oft „uff" geschrieben), bezeichnet tiefes Aufatmen
372	**Strauß**	Kampf, Streit
383	**Odem**	Atem
391	**Exzellenz**	Titel für Gesandte, Minister, Marschälle
395	**Hintertrab**	Nachhut

Zweiter Akt, zweiter Auftritt

440	**Schanzen**	Befestigungen in Form eines Vier-, Fünf- oder Sechsecks

VERS	TEXT	ERLÄUTERUNG
475	**vom Herzen**	In Schillers Ballade *Der Kampf mit dem Drachen* erklärt der junge Ritter: „Nur von dem Herzen nehm ich Rat" (V. 162).
487	**die Zehn märkischen Gebote**	Anspielung auf die Zehn Gebote aus dem Alten Testament; gemeint ist das brandenburgische Kriegsgesetz. – *märkischen*: Siehe Anmerkung zu V. 50 auf S. 82 dieser Erläuterung.
490	**Ordonnanzen**	einem militärischen Führer zur persönlichen Verfügung abgestellte Soldaten
497	**Ich nehm's auf meine Kappe**	redensartlich für: Ich übernehme die Verantwortung.

Zweiter Akt, vierter Auftritt

510 ff.		Die Szene erinnert an den Auftritt IV/9 in Schillers *Wallensteins Tod*. – Auch der nachfolgende Bericht Mörners ist dem folgenden Auftritt IV/10 in *Wallensteins Tod* nachgebildet, in dem Thekla von einem Hauptmann über den Tod Max Piccolominis informiert wird.
514	**Unglücksboten**	Vgl. Schiller, *Wallensteins Tod* , IV/9, V. 2944.

Zweiter Akt, fünfter Auftritt

530	**Feldredoute**	geschlossene, im freien Feld angelegte Feldschanze
540 f.		Auch Max Piccolomini ist in *Wallensteins Tod*, IV/10, V. 3042 f., aus der Reiterschar herausgehoben.
545	**Ross und Reuter**	Vgl. Wallensteins Traumerzählung in Schillers *Wallensteins Tod*, II/3, V. 929 und 942.

VERS	TEXT	ERLÄUTERUNG

Zweiter Akt, sechster Auftritt

VERS	TEXT	ERLÄUTERUNG
582	**Engel … mit dem Flammen-schwert**	Vgl. 1. Mose 3,24 (Einheitsübersetzung): „Er (Gott) vertrieb den Menschen (aus dem Paradies) und stellte östlich des Gartens von Eden die Cherubim auf und das lodernde Flammenschwert, damit sie den Weg zum Baum des Lebens bewachten." Siehe auch V. 903 und Anm. dazu auf S. 92 dieser Erläuterung.
593	**Dortrecht**	Ort südlich von Rotterdam; 1572 wurde in Dortrecht Wilhelm von Oranien von den Vertretern der niederländischen Städte zu ihrem Führer im Unabhängigkeitskrieg gegen Spanien erklärt.
594	**Spaniens Tyrannen-heeren**	Anspielung auf den Freiheitskrieg der Niederlande gegen Spanien (1568–1648), der zwar nicht zum Datum der Schlacht von Fehrbellin (1675) passt, aber als ein Motiv in Dramen Schillers (*Don Karlos*) und Goethes (*Egmont*) verwendet wird. Um 1675 wurden die Niederlande von Frankreich unter Ludwig XIV. bedroht (Holländischer Krieg 1672–1679). – Das Wort *Tyrannenheeren* ließ um 1810 auch an die Besetzung Deutschlands durch französische Truppen denken.
595	**Moritz … von Oranien**	Prinz Moritz von Oranien (1567–1625) war seit 1585 Statthalter der Niederlande und setzte den Krieg gegen die Spanier fort.

Zweiter Akt, achter Auftritt

VERS	TEXT	ERLÄUTERUNG
643	**Froben**	Emanuel von Froben (1640–1675), zuletzt Stallmeister des Kurfürsten, fiel in der Schlacht von Fehrbellin. – Siehe dazu S. 27 dieser Erläuterung.
646	**Tross**	schweres Gepäck der Armee und seine Begleitmannschaft

VERS	TEXT	ERLÄUTERUNG
648	**Kartätschen**	mit Kugeln, Ketten, Nägeln usw. gefüllte Patronen aus starkem Papier, Stoff oder Blech, die aus großen Kanonen geschossen werden
671		Das Motiv des Pferdewechsels begegnet auch in Wallensteins Traumerzählung in Schillers *Wallensteins Tod*, II/3, V. 935–937.
678	**Wenn ich zehn Leben hätte**	Hans Hermann von Katte rief am 6. November 1730 auf dem Weg zu seiner Hinrichtung dem gefangenen Kronprinzen, seinem Freund und späteren König Friedrich II. von Preußen, zu: „wenn ich zehn Leben hätte, so wollte ich sie gerne darum geben“[40]. Der Satz ist durch ein Flugblatt aus dem Jahr 1730 überliefert und taucht danach immer wieder in verschiedenen Schriften auf, z. B. in den 1810 erschienenen *Denkwürdigkeit*en der Markgräfin Wilhelmine von Bayreuth, der Schwester Friedrichs II. (Siehe Friederike Sophie Wilhelmine, S. 188 f.) – Siehe dazu auch S. 28–30 dieser Erläuterung.
689	**Graf Horn**	Ein schwedischer General Graf Gustav Horn (1592–1657) verhandelte um die Heirat König Gustav II. Adolfs mit Marie Eleonore von Brandenburg, der Tante des Kurfürsten Friedrich Wilhelm.
713 f.	**O Cäsar … Stern**	Vergil erwähnt in der IX. Ekloge, V. 47, einen „Stern … des Cäsar“, einen zwei Jahre nach dessen Tod erschienenen Kometen, der als Zeichen seiner Vergöttlichung galt. *Divus* ist das Beiwort der römischen Kaiser nach ihrem Tod. Nach seiner Krönung zum Kaiser (1804) ließ sich auch Napoleon auf allen wertvolleren Münzen und Medaillen als lorbeergekrönter Cäsar abbilden. – Wie Homburg hier den vergöttlichten Cäsar anruft, vergleicht auch Wallenstein sich in *Wallensteins Tod*, II/3, V. 835–843, mit dem römischen Feldherrn.

40 Zitiert nach: Kleist, *Prinz Friedrich von Homburg*. Hrsg. von Richard Samuel, S. 186.

VERS	TEXT	ERLÄUTERUNG
vor 715	**Katafalk**	Trauergerüst zur Auf- und Ausstellung einer Leiche

Zweiter Akt, neunter Auftritt

vor 715	**Depeschen**	Eilbriefe
715 ff.		Vgl. Schiller, *Die Piccolomini*, II/7, V. 1205–1210.
737	**Kriegs-recht**	hier: Kriegsgericht

Zweiter Akt, zehnter Auftritt

756	**Gustav Adolfs**	König Gustav II. Adolf von Schweden (1592–1632) beteiligte sich zur Unterstützung der Protestanten in Deutschland am Dreißigjährigen Krieg, fiel in der Schlacht bei Lützen.
757	**Per aspera ad astra**	lateinische Redewendung; sinngemäß: ‚Durch Mühsal gelangt man zu den Sternen'.
777	**Brutus**	Lucius Junius Brutus, der Gründer und erste Konsul der römischen Republik, ließ 509 v. Chr. seine beiden Söhne, die sich an einer Verschwörung gegen die Republik beteiligt hatten, verurteilen und in seiner Gegenwart hinrichten. Schiller erwähnt den Richterspruch des Brutus in seinem Aufsatz *Über die tragische Kunst*.[41] – Grathoff sieht in diesem Vers eine Anspielung auf Voltaires *Brutus*-Schauspiel (1730), das im November 1790 unter spektakulären Umständen im Pariser Nationaltheater aufgeführt und „als Inbegriff des revolutionären Rigorismus verstanden"[42] wurde. – Siehe auch Anm. zu V. 778 und V. 787.

---

41 Siehe Schiller, Bd. 20, S. 161.
42 Grathoff, S. 56.

VERS	TEXT	ERLÄUTERUNG
778	**mit Kreid auf Leinewand verzeichnet**	Mommsen verweist auf eine Kreidezeichnung von Friedrich Bury aus dem Jahr 1800, auf der Goethe als römischer Herrscher dargestellt ist, und ist der Überzeugung, dass Kleist hier, wie auch an anderen Stellen, mit der Gestalt des Kurfürsten seine Vorstellung von Goethe verarbeitet habe.[43] – Während Atkins dagegen auf ein Brutus-Gemälde von Guillaume Lethière verweist,[44] erkennt Grathoff als Vorlage für diese Verse – zusammen mit Voltaires *Brutus*-Schauspiel (siehe dazu Anm. zu V. 777) – das Gemälde *Die Liktoren bringen Brutus die Leichname seiner beiden Söhne* von Jacques-Louis David, das ab 1789 „in der öffentlichen Wahrnehmung zum Revolutions-Kunstwerk schlechthin" avancierte, „als Ausdruck der Kunst im Geiste der Revolution", bzw. ein anonymes Mirabeau-Porträt mit einer entwurfartigen Zeichnung des Brutus-Gemäldes von David im Hintergrund an der Wand hängend. Mit dem Zitat erscheine der Kurfürst als Repräsentant „des unerbittlichen Gesetzesrigorismus der Französischen Revolution", des „inhumanen, individualitätsverachtenden Gesetzesrigorismus der Moderne"[45]
779	**kurulschen Stuhle**	in Rom der Amtssessel für höhere (kurulische) Beamte, besonders Konsuln
781	**Kriegsartikel**	Kriegsgesetze
784	**von altem Schrot und Korn**	(Sprichwort) von echtem, unverfälschten Wert

43 Siehe Mommsen, S. 186 f.
44 Siehe Atkins, S. 168.
45 Grathoff, S. 55, 57, 59.

VERS	TEXT	ERLÄUTERUNG
787	**Wie die Antike starr**	Anspielung auf die ‚Kälte' und ‚Starre' antiker Marmorskulpturen, zugleich auf die militärische Strenge römischer Feldherren. – Mommsen sieht in dem Vergleich eine Bestätigung ihrer These, dass der Kurfürst mit Zügen Goethes ausgestattet sei, da Kleist „auf eine Formel bringt, wie Goethe damals von der jungen Generation immer wieder gesehen wurde: als derjenige nämlich, der diesen mehr oder weniger der Romantik Aufgeschlossenen die Forderungen der Klassik entgegenstellte"[46]. – Grathoff dagegen meint, dass sich der Prinz hier, „vermittelt über das Zitat des Brutus-Gemäldes von Jacques-Louis David", „auf den unerbittlichen Gesetzesrigorismus der Französischen Revolution" beziehe, „der im Vor-Bild der römischen Antike seinen gefeierten Ausdruck fand"[47]. – Siehe auch Anm. zu V. 777 und V. 778 auf S. 89 f. dieser Erläuterung.

Dritter Akt, erster Auftritt

793	**Gott … Höh**	Vgl. Lk 2,14.
806	**Battrieen**	schwere Kanonen oder Geschütze
807	**Tedeum**	Dankgottesdienst
853	**Eulen**	nach römischer Tradition Unglückspropheten
874	**Auf eines Tuches Wink**	Zeichen des Feuerbefehls für das Erschießungskommando
902	**Dei von Algier**	von 1600 bis 1830 Titel des Oberhaupts der den Staat Algier beherrschenden Janitscharenfürsten; Inbegriff des Despotismus und der Grausamkeit. – Siehe auch V. 1412.

46 Mommsen, S. 185.
47 Grathoff, S. 32.

VERS	TEXT	ERLÄUTERUNG
903	**Cherubinen**	Ein Cherub (hebr. Plural: Cherubim) bewachte nach 1. Mose 3,24 den Garten Eden. – Siehe auch Anmerkung zu V. 582 auf S. 87 dieser Erläuterung.
904	**Sardanapel**	Der König der Assyrer (688–627 v. Chr.) war bekannt für sein luxuriöses und ausschweifendes Leben und soll sich der Sage nach bei der Eroberung Ninives durch die Meder und Babylonier mit seinen Frauen, Dienern und Schätzen verbrannt haben.
907	**Auf Gottes rechter Seit**	Nach biblischer Tradition sitzt Christus seit seiner Himmelfahrt zur Rechten Gottes (siehe Mt 22,44; Mk 16,19 u. ö.), auf der Seite, die beim Jüngsten Gericht den Unschuldigen zugewiesen wird (siehe u. a. Mt 25,33).
936	**König Karl**	Karl XI. Gustav von Schweden (1655–1697) regierte seit 1660 unter Vormundschaft des Reichsrats, 1672 selbstständig, heiratete erst 1680.

Dritter Akt, dritter Auftritt

955	**Kabinett**	Zimmer, in dem sich eine herrschaftliche Person aufhält, wenn sie allein sein oder geheime Audienz halten will

Dritter Akt, fünfter Auftritt

965 ff.		Die ‚Todesfurchtszene' weist Ähnlichkeiten mit Shakespeares *Maß für Maß*, III/1, und *Hamlet*, V/1, sowie Euripides' *Iphigenie in Aulis*, V/3 (Schillers Übersetzung), auf.
975	**Trossknecht**	Siehe Anm. zu V. 646. – Vgl. auch den XI. Gesang der *Odyssee*, V. 488–491, wo Achilleus das einfache irdische Leben seinem Ruhm im Totenreich vorzieht.
987 f.		Vgl. Schiller, *Die Piccolomini*, II/7, V. 1123–1125, und *Maria Stuart*, V/5, V. 3475–3478.

VERS	TEXT	ERLÄUTERUNG
994	**mit Fassung rüsten**	Vgl. Schiller, *Maria Stuart*, V/1, V. 3377 f. – Das Wort „Fassung“ bzw. „sich fassen“ verwenden später Natalie (V. 1171), Homburg (V. 1334, 1338, 1344) und der Kurfürst (V. 1419) an exponierten Stellen.
995		Vgl. Schiller, *Don Karlos*, IV/21, V. 4396.
997	**schwarzen Schatten**	In der Unterwelt des griechischen Mythos leben die Seelen der Verstorbenen als wesenlose Schatten.
1001	**Kassation**	unehrenhafte Entlassung aus dem Militärdienst
1011	**Hedwig**	Die Mutter des historischen Prinzen war Margarethe Elisabeth von Leiningen-Westernburg. – Der Name Hedwig („die kämpferische Kämpferin“) erinnert an die heilige Hedwig von Schlesien (1174–1243), die seit der Errichtung der nach dem Vorbild des römischen Pantheon erbauten St.-Hedwigs-Kathedrale in Berlin als Patronin der katholischen Untertanen des preußischen Königs galt.
1030–1036		Vgl. Schiller, *Die Piccolomini*, III/4, V. 1659–1676. – Siehe auch Anm. zu V. 975 auf S. 92 dieser Erläuterung.
1046	**Base**	Kusine
1059	**Oheim**	Onkel
1071	**Nicht ändern kann, nicht kann**	Vgl. Lessing, *Nathan der Weise*, I/1, V. 59–61.

Vierter Akt, erster Auftritt

1106		Vgl. 1. Mose 3,15 und die Drachentöterlegenden (z. B. vom heiligen Georg); das Wort *Lindwurm* begegnet in Schillers Ballade *Der Kampf mit dem Drachen* (V. 14). – Siehe auch V. 1550.

VERS	TEXT	ERLÄUTERUNG
1109 f.		Der Begriff des Erhabenen ist – wie der Begriff der Würde, der von Kleist ebenfalls gebraucht wird (V. 1165, 1343, 1380 f.) – eine zentrale Kategorie in der Kunstauffassung Friedrich Schillers: „Erhaben" in Schillers Sinn ist ein Mensch, der eine Gewalt, „die er der Tat nach erleiden muss", weil er ihr unterlegen ist, „dem Begriff nach" vernichtet, indem er sich ihr „freiwillig" unterwirft, da er seine „Menschheit" verlieren würde, wenn er „etwas gegen seinen Willen erleiden"[48] müsse. – Siehe auch V. 1372.
1132	**feste Burg**	formelhafter Gebrauch, der sich aus der zentralen Stellung von Luthers reformatorischem Kampflied *Ein feste Burg ist unser Gott* (1529) im Protestantismus herausbildete. – Anspielung auf die lutherische Gnadenlehre, die darauf beruht, dass Gnade unverdient von Gott gegeben wird und der Mensch nur durch Gnade, nicht durch Werke des Gesetzes gerechtfertigt werden kann
	Ohm	Oheim, Onkel
1165	**unwürdig**	Der Begriff der Würde, den später Homburg an entscheidenden Stellen gebraucht (V. 1343, 1380 f.), ist in Schillers Kunstauffassung (siehe etwa den Aufsatz *Über Anmut und Würde*) eine Kategorie des Erhabenen. – Siehe dazu Anm. zu V. 1109 f. auf S. 94 dieser Erläuterung.
1173	**Leun**	Leu: Löwe
1174	**Ach, was ist Menschengröße**	Vgl. Schiller, *Wallensteins Tod*, IV/2, V. 2480.
1186	**Kassier**	kassieren: für ungültig erklären

48 Schiller, Bd. 21, S. 39.

VERS	TEXT	ERLÄUTERUNG
	Artikel	Siehe Anm. zu V. 781. – Unklar ist, ob der Kurfürst hier nur die einzelnen Punkte der Anklage gegen den Prinzen oder die Artikel des Kriegsrechts insgesamt aufheben will.

Vierter Akt, zweiter Auftritt

1215	**Supplik**	Bittschrift
1240	**Bomsdorf Kürassiere**	Dragonerregiment unter Oberst Wolf Dietrich Bomstorf
1245	**kantoniert**	untergebracht
1257	**Subskription**	Unterschriftensammlung
1267	**Stallung**	Stellung
1274	**Portefeuille**	Brieftasche

Vierter Akt, dritter Auftritt

1286–1288		Die Metapher des Lebens als einer Reise ist ein traditioneller Topos. – Siehe etwa den Beginn des privaten Testaments König Friedrichs II. von Preußen, das nach seinem Tod veröffentlicht wurde.[49]
1286	**Derwisch**	muslimischer Bettelmönch. – Vgl. die Figur des Derwischs in Gotthold Ephraim Lessings *Nathan der Weise*.
1287	**Spannen**	altes Längenmaß der ‚ausgespannten' (= gespreizten) Hand von der Spitze des Daumens bis zur der des Mittelfingers (kleine Spanne) bzw. des kleinen Fingers (große Spanne)
1293		Vgl. Vergil, *Aeneis*, VI, V. 640 f.

---

49 Friedrich der Große, Bd. 7, S. 287.

VERS	TEXT	ERLÄUTERUNG

Vierter Akt, vierter Auftritt

VERS	TEXT	ERLÄUTERUNG
vor 1297	**Läufer**	fürstlicher Diener
1311		Vgl. dazu: Kant schreibt in der *Metaphysik der Sitten* (1797), „es wäre … unter der Würde des Staatsoberhaupts, den Richter zu spielen, d. i. sich in die Möglichkeit zu versetzen, Unrecht zu tun und so in den Fall der Appellation … zu geraten“[50].
1331	**Petschaft**	Handstempel zum Siegeln
1343	**würdig**	Siehe Anm. zu V. 1165 auf S. 94 dieser Erläuterung.
1366	**Karabinern**	Gewehr für die Kavallerie, mit kürzerem Lauf
1372	**Erhaben**	Siehe Anm. zu V. 1109 f. auf S. 94 dieser Erläuterung. – In der Heidelberger Handschrift ist dieses Wort als einziges im Drama unterstrichen.
1373	**mitleidsvoll**	In Tiecks Erstdruck steht „mitleidlos“. – Die widersprüchliche Verbindung von Erhabenheit (siehe V. 1372) und Mitleid deutet auf eine Auseinandersetzung mit Schillers Begriff des Erhabenen hin.
1377	**am zwölften**	Die historische Schlacht bei Fehrbellin fand am 18. (nach dem alten, damals in Brandenburg noch gültigen Julianischen Kalender) bzw. am 28. (nach dem heute gültigen Gregorianischen Kalender) Juni 1675 statt.
1380 f.		Vgl. Schiller, *Wallensteins Tod*, II/7, V. 1265. – Siehe auch Anm. zu V. 1165 auf S. 94 dieser Erläuterung.

Fünfter Akt, erster Auftritt

VERS	TEXT	ERLÄUTERUNG
1395 ff.		Als Modelle für diese Szene sind Schiller, *Don Karlos*, V/5, und *Wallensteins Tod*, I/4 und III/19, denkbar.

---

50 Kant, S. 317 f.

VERS	TEXT	ERLÄUTERUNG

Fünfter Akt, zweiter Auftritt

1412	**Dei von Tunis**	Siehe Anm. zu V. 902 auf S. 91 dieser Erläuterung.
1414	**seidne Schnur**	im Orient früher Zeichen für den Untergebenen, sich nach dem Willen des Herrn selbst zu erhängen
1415	**Palisaden**	Schanzpfähle
1416	**Haubitzen**	große Geschütze mit kurzem Rohr
1417	**Priegnitz**	brandenburgische Provinz an der Grenze Mecklenburgs
1419	**märksche**	siehe Anm. zu V. 50 auf S. 82 dieser Erläuterung.

Fünfter Akt, dritter Auftritt

1443–1447		Vgl. Schiller, *Wallensteins Tod*, III/19, V. 2196–2199.
1451	**Drost**	in Norddeutschland üblicher Amtstitel (Landrat)
1455	**Mit meinem Stiefel**	Über Karl XII. von Schweden (1682–1718) ist überliefert, er habe bei seinem Aufenthalt in der Türkei den Reichsräten in Schweden, die um seine Rückkehr baten, geschrieben, er werde ihnen seinen Stiefel senden, der könne regieren.
1457	**überall**	überhaupt, ohnehin

Fünfter Akt, vierter Auftritt

1478	**Jäger**	Infanterist (im militärischen Sinn)
1479	**Prittwitz**	bekanntes schlesisches Adelsgeschlecht, dem mehrere hohe Offiziere der preußischen Armee entstammen, z. B. der im Siebenjährigen Krieg unter Friedrich II. kämpfende Joachim Bernhard von Prittwitz (1726–1793) und der in den Kriegen gegen Napoleon kämpfende Siegmund Moritz von Prittwitz (1747–1822)

VERS	TEXT	ERLÄUTERUNG
Fünfter Akt, fünfter Auftritt		
1507	**ausgemittelt**	ausfindig gemacht
1515	**peinlich**	auf Leib und Leben
1533	**Sukkurs**	Hilfe, Unterstützung
1550	**Drachen**	evtl. Anspielung auf Schillers Ballade *Der Kampf mit dem Drache*n. – Siehe auch V. 1106 und Anm. dazu auf S. 93 dieser Erläuterung.
1556	**fürder**	ferner, weiter
1559		Vgl. Schiller, *Wallensteins Tod*, III/15, V. 1973–1975.
1567	**von der Bank fällt**	Dem Bild zugrunde liegt die Grundbedeutung des Wortes „Bastard" (‚Bankert': uneheliches, ‚auf der Bank' gezeugtes Kind).
1572	**Buchstab deines Willens**	Zusammen mit V. 1581 wird hier das biblische Bild vom „Buchstaben", der „tötet" (2. Kor 3,6) aufgegriffen. – Vgl. den Gegensatz zwischen den „Buchstaben" des Gesetzes und der „Festigkeit des Herzens" in Adam Müllers *Elementen der Staatskunst* (siehe S. 28 dieser Erläuterung).
1575–1587		Vgl. Schiller, *Die Piccolomin*i, I/4, V. 455–462.
1580	**Werkzeug**	Vgl. die Schilderungen der Schlacht von Fehrbellin in den *Denkwürdigkeiten zur Geschichte des Hauses Brandenburg* Friedrichs des Großen (siehe S. 26 f. dieser Erläuterung) und K. H. Krauses *Mein Vaterland unter den hohenzollerischen Regenten* (siehe S. 121 dieser Erläuterung).

VERS	TEXT	ERLÄUTERUNG
1583 f.	**Die schlechte, / Kurz-sichtge Staats-kunst**	Vgl. Schiller, *Die Piccolomini*, V/3, V. 2632.
1597	**Brächst … den Stab**	Der Stab war das Symbol höchster, auch richterlicher Gewalt. Zum Zeichen eines unabänderlichen Todesurteils wurde der Stab über einen Verurteilten gebrochen.
1635	**Plantanen**	Platanen; Laubbäume in Parks und Alleen. Laut Bühnenanweisung zu Beginn von I/1 sitzt der Prinz, wie auch in der Schlussszene (siehe vor V. 1840), unter einer Eiche. – Wie die Eiche seit Klopstock den deutschen Nationalstolz symbolisiert (siehe Anm. zur Bühnenanweisung vor V. 1, S. 81 dieser Erläuterung), gilt die Platane als Landesbaum Griechenlands und symbolisiert die griechische Philosophie: Auf dem Gelände der Platonischen Akademie in Athen standen Platanen, und der berühmte Dialog des Sokrates mit Phaidros über die Schönheit fand unter einer Platane statt.
1707	**Schlussge-bäu**	Schlussfolgerung
1720	**delphsche**	hier: zweideutig (Bezug auf das für seine zweideutigen Sprüche bekannte Orakel von Delphi)

Fünfter Akt, siebter Auftritt

1749–1752	**Es ist … verherrlichen!**	Vgl. Euripides, *Iphigenie in Aulis*, V/5, V. 1697–1699, in der Übersetzung Schillers. – Mommsen sieht hier eine Parallele zu Goethes *Pandora*.[51]

---

51 Siehe Mommsen, S. 192 f.

VERS	TEXT	ERLÄUTERUNG
1760	**mütterlichem Grund**	Vgl. Schiller, *Das Eleusische Fest*, V. 52.
1762	**Fluren**	nutzbare Landflächen
1787	**Missglück**	Unglück
1796	**Seraphin**	Ein Seraph (hebr. Pl. Seraphim) ist ein Engel, der anbetend Gott umschwebt. Siehe auch Anm. zu V. 903 auf S. 92 dieser Erläuterung.

Fünfter Akt, achter Auftritt

1807		Vgl. Schiller, *Wilhelm Tell*, IV/3, V. 2567.

Fünfter Akt, neunter Auftritt

1810		Vgl. Schiller, *Maria Stuart*, III/4, V. 2433.

Fünfter Akt, zehnter Auftritt

1830		Vgl. Klopstocks Ode *An Fanny*, V. 37 f.: „Dann, o Unsterblichkeit, / Gehörst Du ganz uns!"
1834	**Ätherräume**	Äther: Himmel
1835–37		Vgl. den Schluss von Fichtes Schrift *Die Bestimmung des Menschen*: „Es verschwindet vor meinem Blicke und versinkt die Welt, die ich noch soeben bewunderte. In aller Fülle des Lebens … ist sie doch nur der Vorhang, durch die eine unendlich vollkommenere mir verdeckt wird"[52].
1840	**Nachtviole**	Blume mit violetten, selten weißen Blüten, die v. a. nachts starken Duft verbreiten; symbolisiert Nacht und Tod

---

52 Fichte, S. 415.

VERS	TEXT	ERLÄUTERUNG
1841	**Levkojn und Nelken**	symbolisieren im Gegensatz zu den Nachtviolen Tag und Leben
1845	**zu Hause**	Anspielung auf den Topos des Todes als Heimkehr. – Bekanntesten Ausdruck in der deutschen Romantik hat dieser Topos in Novalis' Roman *Heinrich von Ofterdingen* gefunden: „Wo gehn wir denn hin? Immer nach Hause."[53] – Der 2. Teil von Novalis' Roman enthält eine Reihe weiterer Motive, die mit den Schlussszenen des *Prinzen von Homburg* in Zusammenhang gebracht werden können, etwa das Motiv des Gartens und des Traums, die „geflügelten Schiffe", der „Tod" als „eine höhere Offenbarung des Lebens" und die Erwähnung eines „Grafen von Hohenzollern"[54].

Fünfter Akt, elfter Auftritt

vor 1846	**Tuch … winkt**	Siehe Anm. zu V. 874 auf S. 91 dieser Erläuterung.
1850		Vgl. den letzten Halbsatz in Jean Pauls Roman *Siebenkäs*: „die Leiden unsers Freundes waren vorüber"[55]. – Der Schluss des Schauspiels weist darüber hinaus noch weitere Parallelen zum Ende von Jean Pauls Roman auf, etwa das Motiv des Scheintods bzw. der Auferstehung, die Ohnmacht sowie den Gegensatz zwischen Traum und Leben.

---

53 Novalis, Bd. 1, S. 325.
54 Ebd., S. 320, 322, 325.
55 Jean Paul, S. 565.

3.6 Stil und Sprache

ZUSAMMEN-
FASSUNG

Prinz Friedrich von Homburg ist in Blankversen abgefasst, verwendet also den Vers eines Dramas im Stil der Weimarer Klassik. Konterkariert wird dies an einigen Stellen dadurch, dass der Sinn des Blankverses parodistisch vorgeführt wird, indem die Figuren unfähig sind, einen Dialog zu führen, aneinander vorbeireden, sich missverstehen und Scheindiskussionen führen. ‚Wahrhaftigkeit' kommt eher durch eine zerrissene, weniger glatte Sprache zum Ausdruck.

Kleists *Prinz von Homburg* ist wie die meisten Dramen der Zeit ein Versdrama. Die Figuren bedienen sich – wie bei Goethe und Schiller – des Blankverses und damit, zumindest äußerlich, einer gehobenen Sprache und simulieren damit so etwas wie ‚Klassizität'. Der Blankvers drückt seit Lessings *Nathan dem Weisen* die Dialogfähigkeit der Figuren, insbesondere auch die Dialogfähigkeit von Figuren unterschiedlichen Standes aus und damit auch die Gleichheit der Figuren im Gespräch. Klassische Beispiele sind etwa die Dialoge zwischen dem Sultan Saladin und dem Juden Nathan bei Lessing (*Nathan der Weise*), zwischen Thoas und Iphigenie bei Goethe (*Iphigenie auf Tauris*) und zwischen König Philipp und dem Marquis von Posa in Schillers Don Karlos. Auffällig an der Gestaltung des Blankverses bei Kleist ist, dass Dialoge, bei denen die Figuren sich gleichsam auf Augenhöhe miteinander austauschen und imstande wären, Konflikte zu lösen, kaum vorkommen. Vielmehr reden die Figuren oft aneinander vorbei oder missverstehen sich. Der 5. Auftritt des I. Aktes, in dessen Mittelpunkt bezeichnenderweise eine militärische Befehlsausgabe steht, führt die Verwen-

Verwendung des Blankverses

dung des Blankverses in seinem eigentlichen Sinn stellenweise geradezu ad absurdum, wenn ein Gespräch geschweige denn Verständigung gar nicht zustande kommt:

Feldmarschall. … *Vom Platz nicht, der ihm angewiesen, weichen –*
Der Prinz von Homburg. *– Rasch, dass ich jetzt erprüfe, ob er's ist! …*
Feldmarschall (befremdet). *Was macht des Prinzen Durchlaucht?*
Graf von Hohenzollern (heimlich). *Arthur*!
Der Prinz von Homburg. *Hier!*
Hohenzollern. *Ich glaub,*
Du bist des Teufels?!
Der Prinz von Homburg. *Was befiehlt mein Marschall? …*
Rittmeister von der Golz. … *Vom Platz nicht, der ihm angewiesen, weichen –*
Feldmarschall (fährt fort). *Als bis, gedrängt von Hennings und von Truchß –*
Der Prinz von Homburg. … *Wer? lieber Golz! Was? Ich?*
Rittmeister von der Golz. *Ihr, ja! Wer sonst?*
Der Prinz von Homburg. *Vom Platz nicht soll ich –?*
Rittmeister von der Golz. *Freilich!*
Feldmarschall. *Nun? habt Ihr?*
Der Prinz von Homburg (laut). *Vom Platz nicht, der mir angewiesen, weichen –*
(V. 297–305)

Auch wenn Homburg hier den Vers, der den entscheidenden Befehl enthält, wiederholt, hat er seinen Inhalt gar nicht verstanden, weil er von anderen Dingen abgelenkt ist.

Aneinander vorbeireden und Missverständnisse

Aneinander vorbeireden und Missverständnisse ziehen sich durch das gesamte Stück: Homburg glaubt, er habe das Spiel geträumt, das der Kurfürst mit ihm im Garten getrieben hat, Hohenzollern bestärkt ihn in diesem Glauben; später glauben die Kurfürstin, Natalie und der Prinz, der Kurfürst sei tot; Homburg glaubt sich am Ziel seiner Träume, während der Kurfürst bereits den Befehlshaber der Reiterei vor ein Kriegsgericht bestellen will, allerdings im Glauben, Homburg sei es nicht gewesen, dieser versteht die Welt nicht mehr, als er gefangen genommen wird: Ein Missverständnis reiht sich an das andere. Zu Beginn des III. Akts glaubt der Prinz sich bereits begnadigt:

Der Prinz von Homburg. … Nun, des Arrestes bin ich wieder los?
Hohenzollern (erstaunt). Gott sei Lob, in der Höh!
Der Prinz von Homburg. Was sagst du?
Hohenzollern. Los?
Hat er den Degen dir zurückgeschickt?
Der Prinz von Homburg. Mir? Nein.
Hohenzollern. Nicht?
Der Prinz von Homburg. Nein!
Hohenzollern. – Woher denn also los?
(V. 792–795)

Dann ist Homburg fest davon überzeugt, dass der Kurfürst ihn aus politischen Gründen hinrichten lassen werde, und glaubt, dieser lasse sich davon abhalten, wenn er auf die Hand Natalies verzichtet. Der Kurfürst hingegen kann nicht glauben, dass Homburg um Gnade fleht, erklärt seine Absicht, ihn zu begnadigen unter der Bedingung, dass dieser das Urteil für Unrecht erklärt, was Natalie zunächst nicht mitbekommt. Homburg missversteht das Schein-Angebot, das ihm eigentlich keine Wahl lässt, als Möglichkeit, seine Autonomie wiederzuerlangen. Der Kurfürst wiederum glaubt, der Prinz habe mit seiner Weigerung, das Urteil für Unrecht zu erklären, endgültig seine Schuld eingesehen und sich dem Gesetz unterworfen, während der Prinz seinerseits bereits mit dem Leben abgeschlossen hat und im Tod das Ende seiner irdischen Leiden herbeisehnt.

Derweil streiten sich die Figuren über die richtige Definition von Begriffen wie „Gesetz“, „Willkür“ oder „Vaterland“, ohne zu einem Ergebnis zu kommen, jeder hat eine andere Vorstellung davon. Und der große Dialog vom 5. bis 9. Auftritt im V. Akt, wenn die Offiziere vom Kurfürsten um die Begnadigung des Prinzen bitten, stellt nur eine Schein-Diskussion dar, weil der Kurfürst sich schon am Ende des 4. Auftritts entschieden hat, den Prinzen zu begnadigen, und es ihm nur noch um die Durchsetzung seiner Autorität geht. Bezeichnend ist auch, dass es im gesamten Schauspiel keine einzige Dialogszene zwischen Homburg und dem Kurfürsten gibt, in der beide aufeinandertreffen und ihre Argumente austauschen. An keiner Stelle stehen sich die beiden auf Augenhöhe gegenüber, Homburg ist immer der Unterlegene, auch am Ende schweigt er, nachdem er mit dem Leben abgeschlossen hat, und stimmt eben nicht in den allgemeinen Jubel und das Kriegsgeschrei mit ein.

Homburg ist immer der Unterlegene

Überhaupt werden bei Kleist die entscheidenden, vorantreibenden Handlungsprozesse nicht wie im klassischen Drama sprachlich vollzogen, vielmehr verlaufen im *Prinzen von Homburg* die wesentlichen Entscheidungsprozesse **stumm**: So schreiben der Kurfürst im 1. und Homburg im 4. Auftritt des IV. Aktes einander jeweils Briefe. Während im klassischen Drama die Figuren über sich und ihr Inneres, das sie vollkommen in Worte zu fassen wissen, frei und bewusst verfügen, verstummen sie oft bei Kleist, reden aneinander vorbei oder bedienen sich eines **falschen Pathos**. Je glatter die

Entscheidende Handlungsprozesse verlaufen stumm

Verse, desto unglaubwürdiger ist die jeweilige Aussage, wie etwa Natalies (V. 1122 ff.) und Kottwitz' (V. 1570 ff.) Gerede vom „Vaterland" oder Homburgs vom „heiligen Gesetz des Kriegs" (V. 1750) zeigen. ‚Wahrhaftigkeit' kommt meist stumm zum Ausdruck, in Gesten, oder in gestauter, grammatisch zerrissener Sprache.

3.7 Interpretationsansätze

ZUSAMMEN-FASSUNG

Mit folgenden Fragen hat sich die Forschung zu Kleists *Prinz Friedrich von Homburg* bisher hauptsächlich beschäftigt:

→ Wie wird der Konflikt zwischen Individuum und Gesellschaft gelöst?
→ Wird der Prinz zu einem verantwortungsvollen Mitglied der Gesellschaft ‚erzogen' oder wird er zu einem willenlosen Objekt?
→ Welche Rolle spielt der Kurfürst?
→ Handelt es sich bei dem Stück um eine Verherrlichung Preußens oder enthält es Kritik am preußischen Untertanengeist?
→ Inwiefern stellt Kleist mit dem Prinzen sein eigenes Künstlertum dar?

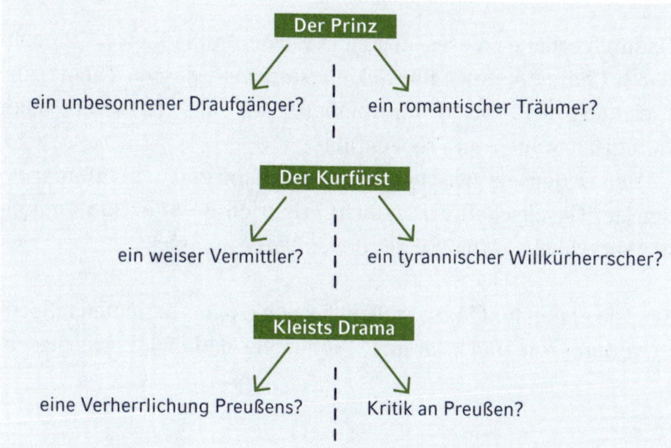

Da die Forschungsliteratur zu Kleists *Prinz Friedrich von Homburg* inzwischen kaum noch überschaubare Ausmaße angenommen hat, kann hier nur eine kleine Auswahl vorgenommen werden.

Individuum vs. Gesellschaft

In dem „Konflikt zwischen Individuum und Gesellschaft" sieht Georg Lukács 1937 das zentrale Thema des Stücks, das zwar „im engsten Zusammenhang mit den Bestrebungen der preußischen Reformer, mit dem Versuch einer inneren Erneuerung Preußens aus dem erwachten nationalen Gefühl heraus" stehe; aber da Kleist „allen diesen Reformern feind" gewesen sei, habe er „als gesellschaftliche Umwelt nur das starre alte Preußen gestalten" können:

> „Und zwar tritt dieses alte Preußen, das Preußen des ‚Großen Kurfürsten', im Drama nicht nur als gesellschaftliche Macht auf, sondern wird am Ende des Dramas, ohne eine Veränderung erfahren zu haben, glorifiziert."

Dadurch erhalte „dieses letzte und reifste Drama Kleists" „den inneren Charakter eines Entwicklungsromans", dessen Thema „die Erziehung des Prinzen von Homburg" sei: „aus schwärmerischer Gefühlsanarchie zum Preußentum"[56].

Sprachanalyse der ersten Verse

Den Gegensatz zwischen dem Individuum und den Anforderungen der Gesellschaft verdeutlicht **Friedrich Beißner** 1948 mit einer sprachlichen Analyse der ersten Verse im Stück:

> „Die ersten fünf Verse stellen das Subjekt des berichteten Sachverhalts hin, und zwar im … Nominativ; dann folgt, was diesem

56 Lukács, S. 217–219.

> Subjekt entgegentritt als Forderung und Widerstand, ebenso fünf Verse füllend; und was den Widerstand, gegen den sich das Ich des Helden nicht bloß in diesen Anfangsversen, sondern im ganzen Schauspiel behaupten muss, recht eigentlich ausmacht, das wird nun (…) ihm auch als Subjekt, im Subjektkasus entgegengesetzt mit betonter, artikelloser Spitzenstellung des Wortes, um das es im ganzen Schauspiel geht: Befehl. Die Opponenten sind damit, auch auf dem Felde der Syntax sozusagen mit gleichen Waffen, angetreten, das Ich und sein Widerstand: Der Prinz von Homburg – Befehl (…) Immer ist es das Ich, dem ein Widerstand sein Ziel verstellen will …"[57]

Preußische Staatsdichtung

Als „brandenburgisch-preußische Staatsdichtung, das schönste Denkmal der Verbindung von dichterischer Freiheit und staatlicher Bindung" bezeichnet hingegen **Benno von Wiese** im gleichen Jahr das Schauspiel, worin „das ewige und tragische Ich" – noch in deutlicher Anlehnung an die Sprache des Nationalsozialismus – „seine göttliche Bestimmung" erfülle, „indem es in der freien Bejahung des Staates die Katastrophe der Zernichtung" überwinde und „in der Bereitschaft zum Todes-Opfer der Gnade teilhaftig werden"[58] könne.

Rolle des Kurfürsten

Eine Versöhnung „zwischen Individuum und Gemeinschaft" sieht auch **Hans M. Wolff** 1954 in dem Stück dargestellt, wobei er der Figur des Kurfürsten die Rolle des „gütigen Mittlers"[59] zuschreibt, ähnlich wie **Walter Müller-Seidel**, für den der Kurfürst „wie der geheime Regisseur" agiert, „die überlegene Figur schlechthin"[60].

---

57 Beißner, S. 438 f.
58 Wiese, S. 89, 101.
59 Wolff, S. 240.
60 Müller-Seidel, S. 402.

Dem widerspricht **Hans Mayer** in seiner 1962 erschienenen Kleist-Studie. Auch der Kurfürst, so Mayer, sei „verstrickt in das Spiel und Gegenspiel", er sei „beileibe kein Weltenlenker über den Parteien":

> „Er braucht Homburg und dessen freie Einsicht in die Notwendigkeit ebenso, wie der ihn braucht. Auch der Kurfürst weiß nicht von vornherein, wie alles ausgehen wird; auch er muss neu reagieren und planen (…) Was sich an Homburg vollzieht, ist eine ‚Maßnahme'; durch sein Verhalten in der Schlacht hat er das Zusammenspiel zwischen gemeinsamer Beratung und Subordination gestört; aber auch der Kurfürst stört durch seine Reaktion diese Harmonie der Kräfte und Gegenkräfte (…) Der Synthese aus Staatsordnung und Naturordnung, die der Herrscher zu vollziehen hat, muss die gleichfalls zu schaffende Synthese aus Freiheit und Notwendigkeit beim Prinzen entsprechen. Erst als sich dieser Vorgang, bei welchem es um Leib und Leben geht, um den wirklichen Tod, ereignet hat, ist die Harmonie (…) vollzogen."[61]

Darstellung isolierten Künstlertums

Kleists Schauspiel – für Mayer ein „Gipfel des deutschen Dramas, der nie wieder erreicht wurde, wohl auch niemals wieder erreicht werden kann", und „Ausnahmewerk unserer dramatischen Dichtung, da es gleichzeitig Zusammenfassung aller Traditionen bürgerlicher Dichtung in Deutschland und Vorwegnahme aller späteren Literatur hierzulande" darstelle – bedeute „Aufhebung der Grundtendenzen deutscher Klassik wie deutscher Romantik"[62]. Dies zeige sich v. a. an der Behandlung der „Künstlerproblematik",

---

61 Mayer, S. 69 f.
62 Ebd., S. 50, 54.

an der „Darstellung isolierten Künstlertums" im *Prinzen von Homburg*, der nicht nur ein „Parabelstück von Freiheit und Ordnung" sei, vielmehr „auch ein Parabelstück vom bürgerlichen Künstler und seiner Umwelt"[63].

An die These, in Kleists Schauspiel gehe es im Kern um die Problematik des Künstlertums, schließt Katharina Mommsen in ihrer Studie *Kleists Kampf mit Goethe* (1974) an, indem sie den Konflikt zwischen dem Prinzen und dem Kurfürsten im Stück als persönliche Auseinandersetzung Kleists mit dem von ihm verehrten Goethe deutet, „dem großen lebenden Dichterfürsten", von dem er die Bestätigung dafür zu empfangen wünschte, „dass er der erste Dichter der Zeit, legitimer Thronerbe der Weimarer Klassik sei". Während der Prinz mit seinem Verlangen nach Ruhm, seinem „übersteigerten Ehrgeiz" als „Selbstdarstellung Kleists" erscheine, trage „die Gestalt des Kurfürsten sehr deutlich gewisse Züge Goethes", mit dessen Dichtung das Stück zudem durch zahlreiche Motive verknüpft sei, v. a. mit den Dramen *Egmont* und *Torquato Tasso*, wobei in Kleists Schauspiel der in Goethes *Tasso* problematisch bleibende Konflikt zwischen dem träumenden Künstler und dem nüchternen Staatsmann in „reiner, harmonischer Befriedigung"[64] gelöst werde.

Selbstdarstellung Kleists

Dagegen behauptet Bernd Leistner (1979), dass „sich bei genauerem Hinsehen sehr schnell" erweise, „dass die (…) Intaktheit der zwischenmenschlichen Beziehungen in diesem Ordnungsmodell nur äußerlich" existiere. Denn es sei „zu beobachten, dass die Figuren allesamt (…) im Grunde mit sich allein sind und, dadurch bedingt, fortwährend aneinander vorbeireden und vorbeihandeln". Auch könne kaum davon die Rede sein, dass sich am Ende des

Alle Figuren sind mit sich allein

---

63 Ebd., S. 71–73.
64 Mommsen, S. 168, 183.

Schauspiels für den Prinzen alle Wünsche erfüllen, im Gegenteil: Für ihn, „der so mit aller Gewalt in eine Lebenswelt zurückgezwungen wird, in der ihm nichts als Leiden erwuchsen", erfolgt ein „Absturz (…) in eine unfassbare und unnennbare Verzweiflung"; seine letzten Worte – „Nein, sagt! Ist es ein Traum?" (V. 1856) – sind ambivalent:

Zwei Schlüsse

> „Entsprechend der im Stück dominierenden (…) Sicht stellt sie (diese Homburg'sche Wendung) eine Geste der Abwehr dar; das ‚Nein' ist mehr als lediglich ein Füllwort; und wenn Homburg danach fragt, ob dies alles ‚ein Traum' sei, so drückt sich darin die Angst vor einem Neubeginn seiner irdischen Leiden aus (…) Gleichermaßen indes wären diese letzten Worte des Prinzen als Ausdruck ungläubiger Verwunderung zu nehmen (…) Der letzte Satz des Stückes wird von ALLEN gesprochen; und jener, der sich mit der Ordnung und damit mit sich selbst in Übereinstimmung gebracht hat, ist (…) unter ihnen. Aus alledem erhellt, dass Kleists Stück zwei einander ausschließende Schlüsse bereithält, einen höchst fatalen und einen apotheotischen[65]. Beide Schlüsse sind nicht voneinander abgesetzt; der eine durchwirkt den anderen."[66]

Dissonanzen

Dass man „dem Stück wohl nur gerecht" werde, „wenn man die Dissonanzen, die zerreißenden Widersprüche, aus denen es besteht, klar herausstellt und sich nicht jener Versöhnungsstimmung hingibt, welche die Schlussszene den meisten Interpreten zu suggerieren scheint", meint auch **Gert Ueding** im 1987 erschienenen 4. Band von *Hansers Sozialgeschichte der deutschen Literatur*:

---

65 Apotheose: Veherrlichung, Vergöttlichung.
66 Leistner, S. 157, 176 f.

> „Durchs Medium des Historienstücks zeigt Kleist sein sehr gegenwärtiges und zugleich ein zukünftiges Drama, das die moderne Literatur bis heute beschäftigt: das Individuum als Regelverletzung, als Unsicherheitsfaktor in einer Welt der instrumentellen Vernunft, in denen Menschen nur als Werkzeuge noch überleben.“[67]

An die eingangs zitierte Sichtweise Georg Lukács' anschließend, folgt das Stück für **Hinrich C. Seeba** im Kommentar zum *Prinzen von Homburg* in der ebenfalls 1987 erschienenen Ausgabe des Deutschen Klassiker Verlags „der Struktur eines Entwicklungsromans: als Bewährungsprobe, deren wichtigste Aufgabe die Integration des rebellischen Individuums in die – durch seine Rebellion zu reformierende – Gesellschaft scheint“[68]. Kleist habe „mit dem versöhnlichen Schluss“, dem „Gnadenakt der Versöhnung“ seinen „Traum von der Verbindlichkeit“ gestaltet, „die das poetische wie das historische Modell für die preußische Gegenwart haben sollte“[69].

Dagegen meint Peter Horn 1992, dass sich der durch den Kurfürsten personifizierte Staat „seine Prinzen von Homburg“ dadurch „erzieht“, dass er dem von Ruhm und Heldentum Träumenden „einen Traum suggeriert, den er nicht mehr zu honorieren gedenkt“, weil er „den individuellen Helden längst nicht mehr in seiner Schlachtenmaschinerie gebrauchen kann“ und „einzig und allein den totalen Gehorsam und die totale Unterwerfung unter das Gesetz verlangt“[70]. Gerade die letzte Szene sei „eine deutliche Entlarvung der Willkürherrschaft des Kurfürsten“:

Entlarvung der Willkürherrschaft

---

67 Ueding, S. 267 f.
68 Kleist, *Sämtliche Werke und Briefe*. Bd. 2, S. 1224.
69 Ebd., S. 1241.
70 Horn, S. 127.

> „Gerade die Begnadigung des Prinzen kann unmöglich anders denn als Willkürakt gelesen werden, wenn man denn die Gültigkeit des Gesetzes als absolut voraussetzt. Der entscheidende Widerspruch im Kurfürsten (…) ist, dass er einerseits die Fiktion aufrechterhält, die hinter dem Recht stehende Gewalt beruhe auf einem von gemeinsamer und vernünftiger Einsicht gelenkten Willen aller, andererseits aber einen absoluten Machtanspruch entfaltet“[71].

Am Ende verschmelzen die „Ruhmsucht“ des Prinzen und der „wankende Absolutismus“ des Kurfürsten „zu einem gemeinsamen Ziel“: Der Kurfürst brauche „die Zustimmung des Prinzen zu seinem eigenen Tod, um seine wankende Autorität (…) zu stärken und um (…) sein Ziel, die vollständige Vernichtung der Schweden, zu erreichen“, während der Prinz „die Rehabilitierung seiner Ehre und seines Ruhms in einem freiwilligen phantasmatischen Tod“[72] brauche.

Versöhnung mit Gemeinschaft?

Auch **Gerhard Kluge** stellt in seinem Aufsatz *Die misslungene Apotheose des Prinzen von Homburg* (1998) die sich angeblich am Ende des Schauspiels vollziehende „Versöhnung“ des Prinzen „mit der Gemeinschaft“ in Frage und hält „die ins Optimistische gewendeten Deutungen“ für wenig überzeugend:

> „Zu ideologischen Denunziationen und ‚Dienstverpflichtungen‘ des Dichters Kleist konnte es ja kommen, weil der Dichter allzu unbesehen mit seinen Gestalten und deren politischer Rhetorik identifiziert worden ist. Gerade die am meisten von den katastrophalen Ereignissen betroffenen Personen verlieren aber am

---

71 Ebd., S. 135.
72 Ebd., S. 138 f.

> Ende – anders als bei Schiller – ihre Sprache, verharren im Schweigen oder geben nur noch einzelne Laute von sich …“

Für den Prinzen habe die vermeintliche Erfüllung seines Traums aus der Anfangsszene am Schluss überhaupt keinen Sinn mehr, denn „Ehrung und Auszeichnung (…) geschehen in einem Augenblick, in dem ihm die ‚Symbole der Belohnung‘ nichts mehr bedeuten“; „mit martialischen Kanonenschüssen und einem Marsch, mit Geschrei der Offiziere“ werde er „gewaltsam in ein Leben zurückgeführt, von dem er in jeder Weise bereits Abschied genommen hatte“[73].

‚Entwicklung‘ des Prinzen zu einem willenlosen Untertan

Von der gewaltsamen Zerstörung eines Individuums spricht auch **Herbert Kraft** (2007), von der ‚Entwicklung‘ des Prinzen „zu einem willenlosen Untertan“. Indem der Kurfürst von Homburg den „unbedingten Gehorsam“ erzwinge, könne er ihn begnadigen und den Krieg gegen die Schweden fortsetzen; und ausgerechnet derjenige, der den letzten „Rest von Individualität aufgegeben“ habe und dessen „Wille gebrochen“ worden sei, formuliere „nach seiner Läuterung, dieser Gehirnwäsche“, „die Unterwerfung aller“ und die künftige „Weltmachtpolitik“ Preußens:

> „Der Kurfürst hat sein Ziel erreicht; den beliebten General galt es umzuerziehen, mit ihm hat er alle auf seiner Seite (…) Solche Untertanen wünscht sich der Herrscher: die nicht einfach tun, was er will, die es auch noch selber wollen.“[74]

---

73 Kluge, S. 280–282, 286.
74 Kraft, S. 142, 144–146.

4. REZEPTIONSGESCHICHTE

ZUSAMMEN-FASSUNG

Die Rezeptionsgeschichte des Dramas lässt sich grob in drei Phasen einteilen:

→ Im 19. Jahrhundert wird *Prinz Friedrich von Homburg* von vielen begeistert aufgenommen, obwohl die ‚Todesfurchtszene' dazu führt, dass das Stück in Preußen lange Zeit nicht gespielt werden darf.

→ In der ersten Hälfte des 20. Jahrhunderts stehen sich zwei Meinungen gegenüber: Die materialistische Kritik sieht in dem Drama eine reaktionäre Verherrlichung Preußens, während die Nationalsozialisten eine solche Verherrlichung opferbereiten Heldentums rühmen.

→ Seit 1945 wird das Drama zunehmend differenziert und auch unabhängig von seinem politischen Gehalt gelesen bzw. inszeniert.

Zu Lebzeiten ungedruckt und unaufgeführt

Obwohl Kleist sich große Hoffnungen auf einen Erfolg des *Prinzen von Homburg* machte, wurde das Stück zu Lebzeiten des Autors weder gedruckt noch aufgeführt. Kleists Briefe an den Verleger Reimer blieben ebenso unbeantwortet wie der Brief Marie von Kleists an Prinz Wilhelm von Preußen, womit sie dem königlichen Hof das der Prinzessin Amalie Marie Anne gewidmete Schauspiel übergeben wollte.

Ein halbes Jahr nach Kleists Tod wurde das Stück dem Verleger **Julius Eduard Hitzig** angeboten. Dieser schrieb am 18. Juni 1812 an Friedrich de la Motte Fouqué, er habe „das göttlichste Gedicht" gefunden, „was je aus Kleists Feder hervorgegangen", „vaterländisch, kräftig, rein, (…) ein Werk, von dem es für Kleists Nachruhm unverantwortlich wäre, wenn es die Zeitgenossen untergehn ließen“[75]. Hitzig bot Fouqué an, Kleists literarischen Nachlass herauszugeben, aber eine Edition kam nicht zustande. Erst 1821 wurde das Schauspiel gedruckt. **Ludwig Tieck**, der Herausgeber des Erstdrucks, äußerte sich vor allem positiv über die formale Regelmäßigkeit und Geschlossenheit des Stücks sowie über die Charakterisierung des Kurfürsten.[76]

Uraufführung

Die Uraufführung des *Prinzen von Homburg* fand am 3. Oktober 1821 am Wiener Burgtheater unter dem von der Zensur geforderten Titel *Die Schlacht von Fehrbellin* statt. Nach vier Wiederholungen wurde die Inszenierung auf Betreiben des Erzherzogs Karl abgesetzt. Auch in Breslau, Frankfurt am Main und Dresden wurde das Stück gespielt, nicht jedoch in Berlin, was **Heinrich Heine** in seinen *Briefen aus Berlin* vom 16. März 1822 bedauert:

> „Es ist jetzt bestimmt, dass das Kleistische Schauspiel ‚Der Prinz von Homburg oder die Schlacht bei Fehrbellin‘ nicht auf unserer Bühne erscheinen wird, und zwar, wie ich höre, weil eine edle Dame [Prinzessin Amalie Marie Anne v. Preußen] glaubt, dass ihr Ahnherr in einer unedlen Gestalt darin erscheine. Dieses Stück ist noch immer ein Erisapfel in unsern ästhetischen Gesellschaften. Was mich betrifft, so stimme ich dafür, dass es gleichsam vom Genius der Poesie selbst geschrieben ist und dass es mehr Wert hat als all jene Farcen und Spektakelstücke und Houwaldsche Rühreier [Ernst Christoph von Houwald, 1778–1845, Verfasser von Schicksalstragödien], die man uns täglich auftischt.“[77]

---

75 Sembdner, *Nachruhm*, S. 478 f.
76 Siehe S. 122 dieser Erläuterung.
77 Sembdner, *Nachruhm*, S. 491.

Anstößige Todesfurchtszene

Die erste Berliner Aufführung fand am 25. Juli 1828 statt und wurde schon nach der dritten Vorstellung von König Friedrich Wilhelm III. verboten, was darauf schließen lässt, dass der preußische Hof das Schauspiel eben nicht als vaterländisches Repräsentationsstück ansah, welches das Preußentum verherrlicht. Die vor allem durch die ‚Todesfurchtszene' evidente widersprüchliche Darstellung des Prinzen wird dafür immer wieder als Grund angeführt. Dennoch bekam *Prinz Friedrich von Homburg* im weiteren Verlauf des 19. Jahrhunderts zunehmend kanonische Geltung und wurde oft kontrovers rezipiert. Während etwa Friedrich Hebbel 1850 das Stück „zu den eigentümlichsten Schöpfungen des deutschen Geistes" zählt, „weil in ihm durch die bloßen Schauer des Todes, durch seinen hereindunkelnden Schatten", „die sittliche Läuterung und Verklärung des Helden" herbeigeführt werde, „was in allen übrigen Tragödien (...) nur durch den Tod selbst erreicht wird"[78], lehnt Theodor Fontane 1872 das Stück zum einen wegen der „willkürlichen Behandlung des Historischen" ab, zum anderen wegen der „Charakterzeichnung des Prinzen" als Feigling und Schwächling, die so gar nicht dem Bild eines brandenburgischen Offiziers entspreche:

Kein echter brandenburgischer Offizier

> „Ich glaube, dass es solche Arthurs gibt; und solche Prinzen von Hessen-Homburg gibt es wenigstens beinah (...), aber sie interessieren mich nicht und dürfen überhaupt keinen gesund empfindenden Menschen interessieren. Es sind eitle, krankhafte, prätentiöse Waschlappen, aber keine Helden; Kerle, die in Familie, bürgerlicher Gesellschaft, staatlichem Leben immer nur Unheil gestiftet haben und die immer nur in kranker Zeit oder von kranken Gemütern gefeiert worden sind (...) Und unter allen Umständen hört ein solches unwürdiges Mitglied der

---

78 Ebd., S. 506.

menschlichen Gesellschaft auf, mir irgendwelches Interesse einzuflößen. Er ist ein Schürzenjäger, aber kein Held; eine in kleinster Selbstsucht befangene Natur, die kein Gefühl hat für das Große und Allgemeine“[79].

Auch der deutsche Reichskanzler **Otto von Bismarck** zeigt 1889 im Gespräch mit Ernst von Wildenbruch wenig Verständnis für die Figur des Prinzen, der „mit seiner Todesfurcht“ „doch ein schwachen Rohr“ sei, und bezeichnet Kleists Schauspiel als ein „schwächliches Stück“[80], während der letzte deutsche Kaiser **Wilhelm II.**, ebenfalls in einem privaten Gespräch, den *Prinzen von Homburg* zu seinem „Lieblingsstück“ erklärt, die „fatale Feigheitsszene“ könne, so der Kaiser, „ja einfach gestrichen werden“[81].

Materialistische Kritik

Um die Jahrhundertwende setzt auch die materialistische Kritik an Kleists Schauspiel ein, die am prägnantesten 1911 von **Franz Mehring** formuliert wird, der Kleist unterstellt, er habe mit dem *Prinzen von Homburg* „das Altpreußentum in seiner Mischung von Brutalität und Stupidität in die Sphäre der Kunst zu heben gewusst“[82]. Mehrings Wort von dem „hohen Lied der Subordination unter den königlichen Willen“[83] avancierte zum Topos der materialistischen Kleist-Kritik, die etwa auch in **Bertolt Brechts** Sonett *Über Kleists Stück „Der Prinz von Homburg“* aus dem Jahre 1939 zum Ausdruck kommt.[84]

Feier „deutschen“ Pflichtbewusstseins

Von den Nationalsozialisten dagegen ist Kleists Schauspiel erwartungsgemäß im Gegenteil als Verherrlichung ‚deutschen‘ Heldentums und ‚deutschen‘ Pflichtbewusstseins gefeiert worden. So

---

79 Goldammer, S. 522–524.
80 Sembdner, *Nachruhm*, S. 318 f.
81 Ebd., S. 527.
82 Ebd., S. 530
83 Ebd.
84 Siehe S. 123 dieser Erläuterung.

bezeichnet ein Rezensent bereits im Jahr 1934 den *Prinzen von Homburg* als „die höchste, schönste und treffendste Verkörperung deutscher Haltung und deutscher Wirklichkeit“: „Noch immer und heute mehr denn je“, so der anonyme Schreiber, stelle „uns das Schicksal unter jenes ‚heilige Gesetz des Krieges‘“[85].

In der Zeit des Nationalsozialismus entstand auch die erste musikalische Bearbeitung von Kleists Schauspiel, **Paul Graeners** Oper *Der Prinz von Homburg*, die 1935 in Berlin uraufgeführt wurde.

Nach dem Zweiten Weltkrieg, als Kleists Stück zunächst nur zögerlich und unter Ausklammerung des politischen Gehalts aufgenommen wurde, entstand unter dem Einfluss der berühmten, auf existenzialistischen Deutungen des Stücks beruhenden Pariser Inszenierung durch **Jean Vilar** im Jahr 1951 die Oper *Der Prinz von Homburg* von **Hans Werner Henze**, die 1960 in Hamburg uraufgeführt wurde. Das Libretto schrieb **Ingeborg Bachmann**, die in einem Kommentar zu Kleists Stück den Prinzen als den „ersten modernen Protagonisten“ bezeichnet, „schicksallos, selber entscheidend, mit sich allein in einer ‚zerbrechlichen Welt‘ und uns darum nah, kein Held mehr, komplexes Ich und leidende Kreatur in einem“. Das im Schauspiel dargestellte Staatswesen sei eine utopische „Vision Kleists“:

> „Was an dem Stück wie die Verherrlichung der Legitimität erscheint, ist nicht die Glorifizierung jener Legitimität (oder sagen wir besser: Illegitimität), unter der wir seit je in unseren Ländern gelitten haben und die Deutschland in den Abgrund geführt hat, sondern eine noch nie verwirklichte, durch die der Staat einsichtig werden könnte, die Gerechtigkeit lebbar wird, Freimut kein Wagnis ist“[86].

---

85 Zitiert nach: Busch, Anhang, S. 94.
86 Goldammer, S. 554 f.

5. MATERIALIEN

Die stoffliche Anregung seines Dramas entnahm Kleist Karl Heinrich Krauses Lesebuch *Mein Vaterland unter den hohenzollerischen Regenten* (1803):

Kleists Quelle

„Der Prinz von Hessenhomburg wurde mit Tages Anbruch vorausgeschickt, den Feind zu beobachten und aufzuhalten, jedoch ohne ihn anzugreifen. Er stieß auf die schwedischen Vorposten; aus jugendlicher Hitze und aus Begierde, sich auszuzeichnen, griff er sie an und trieb sie siegreich vor sich her bis zur Hauptarmee. Aber jetzt rückte diese aus, und der Kurfürst wurde zum Treffen genötigt, ehe er es wünschte (...) Er schlug den linken Flügel des Feindes in die Flucht, der rechte folgte bald darauf, und der Sieg war entschieden (...) Er ließ auf dem Schlachtfelde sein Lager aufschlagen, lobte und belohnte öffentlich die Tapferkeit seiner braven Soldaten (...) Der Prinz Friedrich von Hessenhomburg stand, im Bewusstsein seines Dienstfehlers, in einiger Entfernung und wagte es nicht, seinen Blick zu dem streng gerechten Fürsten aufzuschlagen. Der Kurfürst winkte ihm liebreich, heranzutreten. ‚Wollte ich', redete er ihn an, ‚nach der Strenge der Kriegsgesetze mit Ihnen verfahren, so hätten Sie den Tod verdient. Aber Gott bewahre mich, dass ich meine Hände mit dem Blute eines Mannes beflecke, der ein vorzügliches Werkzeug meines Sieges war.' Mit diesen Worten und einer väterlichen Ermahnung, künftig vorsichtiger zu sein, umarmte er ihn und versicherte ihn seiner ganzen Achtung und Freundschaft."[87]

---

87 Zitiert nach: Kleist, *Prinz Friedrich von Homburg*. Hrsg. von Richard Samuel, S. 218 f.

Tiecks Vorrede

Ludwig Tieck schreibt in seiner Vorrede zu Kleists *Hinterlassenen Schriften* (1821):

„In keiner seiner Dichtungen hat der Verfasser so klar und rein die ganze Fülle seines Geistes abgespiegelt, keines seiner Schauspiele rundet sich so ab und befriedigt so alle Erwartungen, die es erregt. Man sieht hier keine Verstimmung der Seele, nichts Gewalttätiges, kein Zug, keine Szene steht isoliert, auch geschieht in keinem früheren Stück dem Drama so Genüge (…)

Der Charakter des Kurfürsten ist ein Meisterwerk und bekundet schon für sich allein den gereiften Dichter. Nur wenigen ist es gelungen, so überzeugend Majestät hinzustellen, in der sich Ernst, Kraft und Milde vereinigt, in jedem Momente groß und edel, und immer menschlich, ohne je in die leeren Reden und Bilder zu verfallen, mit denen schwächere Dichter so oft die Charaktere ihrer Fürsten ausmalen wollen. Für dieses treffliche Porträt allein muss das Vaterland dem Dichter dankbar sein (…)

Könnte das neue Theater in Berlin wohl auf eine würdigere Art eröffnet werden als mit diesem Schauspiel, welches das Land, die Stadt, die Regenten und das Glück des geliebten Fürstenhauses auf so einfache Weise verherrlicht? Durch ein Werk, welches zugleich an den Enthusiasmus mahnt, der das preußische Volk so stark und siegend gegen den übermächtigen Feind machte, eine glänzende Periode der neuen Geschichte, deren Schimmer noch erfreulich strahlt?“[88]

---

88 Goldammer, S. 502–504.

Bertolt Brecht: *Über Kleists Stück „Der Prinz von Homburg“* (1939)

Brechts lyrische Antwort

O Garten, künstlich in dem märkischen Sand!
O Geistersehn in preußischblauer Nacht!
O Held, von Todesfurcht ins Knien gebracht!
Ausbund von Kriegerstolz und Knechtsverstand!

Rückgrat, zerbrochen mit dem Lorbeerstock!
Du hast gesiegt, doch wars dir nicht befohlen.
Ach, da umhalst nicht Nike dich. Dich holen
Des Fürsten Büttel feixend in den Block.

So sehen wir ihn denn, der da gemeutert,
Durch Todesfurcht gereinigt und geläutert
Mit Todesschweiß kalt unterm Siegeslaub.

Sein Degen ist noch neben ihm: in Stücken.
Tot ist er nicht, doch liegt er auf dem Rücken:
Mit allen Feinden Brandenburgs in Staub.[89]

---

89 Brecht, S. 612 f.

6. PRÜFUNGSAUFGABEN MIT MUSTERLÖSUNGEN

Unter www.koenigserlaeuterungen.de/download finden Sie im Internet zwei weitere Aufgaben mit Musterlösungen.

Die Zahl der Sternchen bezeichnet das Anforderungsniveau der jeweiligen Aufgabe.

Aufgabe 1 *

Analysieren und interpretieren Sie das Verhältnis zwischen dem Prinzen von Homburg und der Prinzessin Natalie, wie es sich im Verlauf des Dramas entwickelt.

Mögliche Lösung in knapper Fassung:

Bei der Beziehung zwischen dem Prinzen von Homburg und der Prinzessin Natalie handelt es sich um keine gewöhnliche Liebesgeschichte.

ANALYSE/ CHARAKTERISIERUNG

Im I. Akt macht der Kurfürst mit dem Prinzen ein ‚Experiment', bei dem dieser seine ihm offenbar selbst unbewusste Liebe zu Natalie offenbart. Es handelt es sich jedoch eher um einen abstrakten Wunsch nach Liebe, denn in der anschließenden Wiedergabe des Geschehens als Traum kann er sich an die Identität des Mädchens nicht erinnern. Erst der Test mit dem Handschuh während der Befehlsausgabe bringt ihm Klarheit. Verbunden mit dem Wunsch nach Liebe ist jedoch sein Wunsch, Ruhm in der Schlacht zu erlangen sowie ein Mitglied der fürstlichen Familie zu werden. In dem Beweis mit dem Handschuh sieht der Prinz einen Wink des Schicksals: Er kann alles erreichen.

Im II. Akt kommt es nach der Nachricht vom Tod des Kurfürsten zur Verlobung. Homburg bietet sich Natalie als Beschützer und damit Nachfolger des Kurfürsten an. Auf die Nachricht vom Opfertod Frobens und vom Überleben des Kurfürsten reagiert er mit unterdrückter Abwehr: Er will die Nachfolge des Kurfürsten als Beschützer Natalies und des ganzen Landes antreten. Die Prinzessin ist für ihn ein Symbol dafür, dass er noch mehr erreichen kann. Natalie ahnt, dass die Gefühle des Prinzen nicht echt sind, und reagiert zurückhaltend

Im III. Akt ist das Verhältnis zwischen den beiden von Todesangst und Verzicht belastet. Homburg befürchtet, der Kurfürst könne das Todesurteil aus heiratspolitischen Gründen vollstrecken lassen, und sagt sich von Natalie los. Er stellt sein Leben über die Liebe zu Natalie, der er empfiehlt in ein Kloster zu gehen (wodurch er sie nicht freigibt). Die Prinzessin wiederum fordert den Prinzen auf, sich zusammenzureißen. Sie will in ihm einen Helden sehen, der keine Todesfurcht kennt.

Im IV. Akt bittet Natalie beim Kurfürsten um Homburgs Leben, zugleich ordert sie Kottwitz nach Fehrbellin: Sie tut also alles, um ihren Geliebten zu retten. Dieser jedoch nimmt das zweideutige Angebot des Kurfürsten nicht an. Natalie ändert ihre Meinung, liebt Homburg auch als Menschen, nicht nur als Helden. Homburg erkennt dies nicht und verfolgt egoistische Ziele: Es geht ihm darum, vom Kurfürsten als gleichwertig anerkannt zu werden.

Im V. Akt erklärt Homburg, dass er das Todesurteil annimmt und für das „heilige Gesetz des Kriegs" (V. 1750) sterben will. Von Natalie reißt er sich brutal los. Auch sie sagt sich vom Leben los. Für Homburg gibt es kein persönliches Lebensglück mehr; er will als Held im Ansehen der Nachwelt unsterblich und von den irdischen Leiden erlöst werden.

Für Natalie ist damit ebenfalls die Aussicht auf ein persönliches Lebensglück beendet.

INTERPRETATION

In den ersten drei Akten befindet sich die Prinzessin in der Rolle eines Objekts für die Wünsche des Prinzen; einen eigenen Willen scheint sie nicht zu besitzen. Erst mit Beginn des IV. Akts ergreift sie die Initiative. Von da an ist ihr das Leben des Prinzen wichtiger als die äußeren Umstände, die sie vorher dazu veranlasst haben, in dem Prinzen ihren Geliebten/Verlobten zu sehen. Doch dieser Akt echter Liebe wird im V. Akt brutal zerstört: Homburg hat sich von seinem alten Heldentraum blenden lassen und stößt die Geliebte von sich; damit hat auch für sie das Leben keinen Sinn mehr. Die Beziehung der beiden ist durchgängig von falschen Gefühlen, Wünschen und Hoffnungen belastet und somit zum Scheitern verurteilt. Die Vereinigung mit der Geliebten in der Schlussszene im Garten kann der Prinz nur noch als Traumvorstellung wahrnehmen.

Aufgabe 2 **

Analysieren und interpretieren Sie den 1. Auftritt des I. Aktes. Berücksichtigen Sie dabei besonders die Situation und den Zustand des Prinzen, seine geheimen Wünsche sowie die Art und Weise, wie die Hofgesellschaft mit ihm umgeht. Welche Funktion hat die Raumgestaltung?

Mögliche Lösung in knapper Fassung:

ANALYSE

Der 1. Auftritt des Dramas ist entscheidend für die Vorbereitung des künftigen Konflikts zwischen dem Prinzen von Homburg und dem Kurfürsten. Beide Kontrahenten werden bereits hier in Grundzügen charakterisiert, und auch die Rollen von Homburgs Freund Hohenzollern sowie der Prinzessin Natalie werden hier festgelegt.

- → **Situation des Prinzen:** Er befindet sich in einem Zwischenzustand zwischen Schlaf und Wachsein im Schlossgarten zu Fehrbellin unter einer Eiche, dem Symbol des Ruhms. Es ist der Vorabend vor der entscheidenden Schlacht. Der Graf Hohenzollern führt den Kurfürsten und seinen Hofstaat in den Park und zeigt ihm den Prinzen, seinen Freund, der sich eigentlich auf Befehl des Fürsten auf dem Weg zum Schlachtfeld befinden sollte, um dem schwedischen General Wrangel entgegen zu reiten. Er hat seine Rüstung und seine Kopfbedeckung abgelegt und windet sich einen Lorbeerkranz. Von den anderen Figuren wird er als „Held" (V. 23) angesprochen.
- → **Seine geheimen Wünsche:** Der Prinz will aus der Realität fliehen, er erträumt sich eine Existenz fernab von der Gesellschaft, in der Natur (Garten, Eiche), ohne Krieg und außerhalb des Militärs (er hat die militärische Kleidung abgelegt). Zugleich träumt er vom Ruhm in der Schlacht (Lorbeerkranz) und, wie sich im anschließenden ‚Experiment' des Kurfürsten zeigt, von der Liebe: Er begehrt Natalie, die Nichte des Kurfürsten zur Braut und will damit der fürstlichen Familie angehören; den Kurfürsten nennt er beim Vornamen und „Vater" (V. 67).
- → **Verhalten des Kurfürsten:** Der Fürst zeigt sich verwundert darüber, dass sich der Prinz entgegen seinem Befehl in Fehrbellin befindet; angestachelt von Hohenzollern macht er den Prinzen zum Objekt eines ‚Experiments' und entlockt ihm so seine intimsten Wünsche; auf die Äußerung dieser Wünsche reagiert er äußerst aggressiv und stößt den Prinzen „ins Nichts" (V. 75) zurück.
- → **Hohenzollern:** Homburgs Freund verhält sich hier sehr fragwürdig: Er führt den Fürsten mit seinem Hofstaat in den Garten und präsentiert ihm den nachtwandelnden Prinzen, der ei-

gentlich nicht dort sein dürfte, worauf er den Fürsten noch ausdrücklich hinweist; diesen stachelt er zu dem anschließenden ‚Experiment' geradezu an; auf das Ergebnis, Homburgs Offenbarung seiner geheimsten Wünsche, reagiert er ebenso empört wie die gesamte Hofgesellschaft.

→ **Raumgestaltung:** Der französische Garten ist der typische Barockgarten, wie er seit der Zeit des absolutistisch regierenden ‚Sonnenkönigs' Ludwig XIV. in ganz Europa Mode wurde. Dem Zeitalter des Rationalismus entsprechend ist ein solcher Garten ein ganz und gar künstliches, durch den Menschen geschaffenes Gebilde, das den Sieg des Verstandes über die Natur symbolisiert. Bei der Planung wird höchster Wert auf Regelmäßigkeit und Symmetrie gelegt. Dies drückt sich etwa durch die geometrische Gliederung und durch beschnittene Bäume, Sträucher und Hecken sowie Blumenbeete in ornamentalen Formen aus.

→ Der Prinz befindet sich damit nur scheinbar in der ‚freien', in Wirklichkeit aber in einer gezähmten Natur. Allein die Eiche stellt (neben dem Prinzen selber) einen Fremdkörper in dieser Umgebung dar. Damit wird das Individuum Homburg zusammen mit seinem Wunsch nach Ruhm und ‚Selbstverwirklichung' von Anfang an gleichsam als Fremdkörper in der Gesellschaft dargestellt, als jemand, der sich nicht anpassen kann. Zugleich symbolisiert der französische Garten die Zwänge, denen das Individuum unterworfen ist: Seine spätere ‚Zähmung' und Unterwerfung unter das Gesetz ist hier bereits angekündigt.

INTERPRETATION

Der Prinz wird im 1. Auftritt als Außenseiter dargestellt, der sich in einem Konflikt mit der Gesellschaft (hier dargestellt vom Kurfürsten und seiner Hofgesellschaft) befindet. Seine Wünsche und Begierden können nicht erfüllt werden, im Gegenteil: Sie werden brüsk zurückgewiesen, nachdem man sich zuvor über ihn lustig gemacht hat. Zudem befindet er sich schon zu Beginn des Dramas im Konflikt mit einem Befehl, den er nicht befolgt. Sprachlich auffällig ist der z. T. komplizierte Satzbau, v. a. direkt zu Beginn der Szene; die ersten Verse sind beim ersten Lesen kaum verständlich; später fällt der äußerst aggressive Tonfall des Kurfürsten auf, während der Prinz selber, dessen Wünsche ja hier zur Sprache kommen, kaum redet.

Aufgabe 3 ***

Der Kurfürst sagt von sich selbst, dass er kein „Tyrann" (V. 1112) sei, sondern ein unbestechlicher Vertreter des Gesetzes. Charakterisieren Sie den Kurfürsten, indem Sie Argumente für und wider diese Aussage gegeneinander abwägen.

Mögliche Lösung in knapper Fassung:

CHARAKTERISIERUNG

Der Kurfürst ist im Drama der Gegenspieler des Titelhelden. Seine Entscheidungen, den Prinzen zum Tode verurteilen zu lassen und seine Begnadigung hinauszuzögern, bestimmen den zentralen Konflikt des Stücks. Dabei dreht sich Vieles um die Frage, ob der Kurfürst willkürlich handelt oder nach Maßgabe der Gesetze.

→ **Der Kurfürst als unbestechlicher Vertreter des Gesetzes:**
Der Kurfürst sagt selber an mehreren Stellen, dass er kein Tyrann sei (siehe V. 1112 und 1412). Bei der Verhaftung des Prinzen am Ende des II. Aktes erweist er sich zwar als streng,

aber gerecht, indem er denjenigen, der wider seinen Befehl gehandelt hat, ohne Ansehen der Person anklagen will. Seine eigene Person stellt er ebenso hinter das Gesetz, wie er im Gespräch mit Natalie im 1. Auftritt des IV. Aktes betont. Der Staat stehe für ihn über den persönlichen Machtinteressen, wie er auch in der Diskussion mit Kottwitz im 5. Auftritt des V. Aktes deutlich macht. Sein Umgang mit dem Prinzen ist hauptsächlich von der Absicht bestimmt, den jugendlichen Draufgänger zu einem verantwortungsvollen Mitglied der Gesellschaft zu erziehen: „Die Schule dieser Tage durchgegangen, / Wollt ihr's zum vierten Male mit ihm wagen?" (V. 1822 f.) Er kann also auch Gnade vor Recht ergehen lassen und sich gütig und milde zeigen.

→ **Der Kurfürst als „Tyrann":** Bei allem, was der Kurfürst tut, wird auch deutlich, dass er sich selbst in einem positiven Licht dargestellt sehen will. Dabei verhält er sich in der entscheidenden Situation aggressiv und übermütig. Bereits im 1. Auftritt des I. Aktes treibt er mit dem schlafwandelnden Prinzen ein Spiel, weist ihn aggressiv in seine Grenzen (siehe V. 74–77). Dieses Spiel bekommt im Laufe des Dramas mehr und mehr sadistische Züge, besonders im letzten Auftritt, in dem der Kurfürst an Homburg eine Scheinhinrichtung vornimmt. Auch in der Schlacht, in der er von seinen Offizieren absoluten Befehlsgehorsam verlangt, verhält er sich selbst äußerst leichtsinnig und bringt sich selber in Gefahr, als er, jede Warnung ignorierend, auf einem Schimmel reitet und seinen Freunden zuwinkt (siehe V. 641–653). Das Gesetz handhabt er willkürlich, wenn er das vom Gericht noch zu fällende Todesurteil bereits vorwegnimmt, sich aber unmittelbar anschließend versichern lässt, dass es der Prinz nicht gewesen sei, der den Befehl verweigert hat (siehe V. 715–722). Auch dass er sich im Gespräch mit Natalie scheinbar so schnell bereit erklärt, den Prinzen zu begnadigen, wenn dieser das Urteil für ungerecht erklärt, macht das Gesetz zu einem Objekt seiner Willkür. Persönliche Machtinteressen spielen dabei für ihn eine wichtige Rolle, wie auch Homburg feststellt, wenn er auf die „schwedschen Fahnen“ (V. 780) bei der Siegesfeier aufmerksam macht oder auf den Plan des Kurfüsten reagiert, seine Nichte an den schwedischen König zu verheiraten (siehe V. 911–928). Zur Begnadigung entschließt er sich, als er erfährt, dass der Prinz sich ihm bedingungslos unterwerfen wird (siehe V. 1479–1481), der am Ende zu einem willenlosen Werkzeug seiner Machtausübung wird.

INTERPRETATION

Der Kurfürst ist eine in sich widersprüchliche Herrscherfigur. Sein äußeres Auftreten, seine Reden auf der einen und seine tatsächlichen Motive auf der anderen Seite widersprechen sich deutlich. Daraus lässt sich schließen, dass ein Herrscher, der nach außen hin Gesetzestreue vorgibt, höchst willkürlich handeln kann. Damit repräsentiert der Kurfürst einen ‚modernen‘ Herrscher in der Zeit nach der Französischen Revolution: Er gibt vor, sich an Gesetze zu halten und immer einen für alle verbindlichen Zweck seiner Politik zu verfolgen; in Wirklichkeit aber ist auch er keine Idealfigur, sondern von menschlichen Schwächen geprägt. Er benutzt das Gesetz, um damit seine persönlichen Machtziele zu verfolgen.

Aufgabe 4 ***

Analysieren und interpretieren Sie den 9. und 10. Auftritt des II. Aktes. Berücksichtigen Sie dabei auch die letzten Worte des Prinzen am Ende des 8. Auftritts.

Mögliche Lösung in knapper Fassung:

ANALYSE

Der 9. und 10. Auftritt des II. Aktes ist eine der entscheidenden Szenen des Dramas. Nach der Schlacht von Fehrbellin findet in Berlin eine Siegesfeier statt. Der Kurfürst erklärt, dass er trotz des Sieges denjenigen, der seinen Befehl missachtet hat, vor ein Kriegsgericht stellen und zum Tode verurteilt wissen will. Als er erfährt, dass es der Prinz von Homburg gewesen ist, lässt er ihn gefangen nehmen.

→ **Kontext/Situation:** Es handelt sich um eine öffentliche Siegesfeier nach der gewonnenen Schlacht. Der Kurfürst will den ‚Schuldigen' vor ein Kriegsgericht stellen und lässt den Prinzen verhaften. In diesem Kontext wären eher eine versöhnliche Geste und eine allgemeine Hochstimmung von Seiten des Kurfürsten zu erwarten; statt dessen aber beharrt er von Anfang an auf dem Gesetz und lässt ausgerechnet den Sieger verhaften. Offenbar will er vor der Öffentlichkeit ein Exempel statuieren.

→ **Raumgestaltung:** Mit dem Platz vor dem Schloss und der Kirche handelt es sich um einen repräsentativen Schauplatz. Hinzu kommen Frobens aufgebahrte Leiche sowie die schwedischen Fahnen. Die repräsentative Umgebung (Herrschaftssymbole) unterstreicht den Charakter einer Inszenierung. Die Leiche Frobens erinnert daran, dass der Kurfürst nur durch das selbstlose Opfer eines Untertanen gerettet werden konnte. Die Fahnen des Besiegten drücken Eroberungswillen aus.

→ **Die Rolle des Volkes:** Das Volk ist hier nur Statist und Zuschauer des Geschehens. Auch die Rolle des Volkes unterstreicht den Charakter einer Inszenierung: Es ist zwar da, hat aber nichts zu sagen.

→ **Das Verhalten des Kurfürsten:** Der Kurfürst nimmt das Urteil des Kriegsgerichts vorweg, indem er seinen Willen kundtut, den ‚Schuldigen' zum Tode verurteilt zu sehen. Er vergewissert sich jedoch zugleich, dass Homburg es nicht gewesen sei. Als er erfährt, dass er es doch war, muss er an seinem Spruch festhalten. Danach befasst er sich demonstrativ mit Nebensächlichkeiten. Der Kurfürst verhält sich wie ein Willkürherrscher: Die Unabhängigkeit der Gerichte ist ihm gleichgültig, und hätte er von vornherein gewusst, dass Homburg der ‚Schuldige' ist, hätte er womöglich nicht so rigoros gehandelt. Dies überspielt er damit, dass er sich abwendet und anscheinend von der Sache nichts mehr wissen will. Sie ist ihm peinlich.

→ **Das Verhalten des Prinzen:** Mit den Worten „O Cäsar Divus! / Die Leiter setz' ich an, an deinen Stern!" (V. 713 f.) am Ende des vorherigen Auftritts hat sich der Prinz an Julius Cäsar gemessen, dem erfolgreichsten römischen Feldherrn und Eroberer, Begründer des Römischen Weltreiches, der nach seinem Tod vergöttlicht wurde. Als Diktator bereitete er den Weg zum Untergang der römischen Republik und den Übergang zu einer monarchischen Alleinherrschaft, die sein Neffe Octavian (Augustus) vollendete. Cäsar wurde so zum Namensgeber des neuen politischen Systems, des Kaisertums. Homburg geht mit dieser Äußerung weit über seine bisherigen Wünsche hinaus. Der Selbstvergleich mit Julius Cäsar ist nicht mehr nur mit dem Wunsch nach militärischem Ruhm in der Schlacht zu erklären und auch nicht mit dem Wunsch, die Nachfolge des Kurfürsten, eines deutschen Partikularfürsten, anzutreten. Vielmehr geht es hier um die Weltherrschaft, die Gründung eines Weltreichs und um göttliche Verehrung, also Unsterblichkeit. Bei der Siegesfeier ist Homburg zunächst sorglos und heiter. Als er verhaftet werden soll, reagiert er stumm, verwirrt und verständnislos. Nach einer längeren Pause macht er dem Kurfürsten Vorwürfe: Er wolle Eroberungspolitik betreiben und zugleich den Gesetzesrigoristen spielen. Homburgs Verhalten unterstreicht, wie unangemessen das Vorgehen des Kurfürsten ist: Niemand versteht es, alle hoffen darauf, dass es sich nur um eine Formalität handelt. Mit einem abwägenden Umgang mit dem Gesetz hat es nichts zu tun. Auch widerspricht die angebliche Gesetzestreue des Kurfürsten dessen eigenen politischen Zielen: Er will sein Staatsgebiet auf Kosten der Schweden vergrößern.

→ **Anspielungen auf die römische Antike:** In dieser Szene wird mehrmals auf die römische Antike angespielt, etwa mit dem Zitat „Per aspera ad astra." (V. 757; sinngemäß: ‚Durch Mühsal zu den Sternen'). Dieser Ausspruch auf einer der schwedischen Fahnen ist als indirekte Antwort auf Homburgs Cäsar-Ausspruch in V. 713 f. zu verstehen. Später vergleicht Homburg den Kurfürsten mit Lucius Junius Brutus (siehe V. 777), dem Gründer der römischen Republik, der seine eigenen Söhne hinrichten ließ, wodurch der Fürst – „Wie die Antike starr" (V. 787) – als (republikanischer) Gesetzesrigorist erscheint, der emotionale Bindungen dem Staatsinteresse unterordnet.

INTERPRETATION

Der Kurfürst stellt einen Herrscher dar, der sich nach außen hin – aus Rücksicht vor der Öffentlichkeit – als treuer Bewahrer und Vollstrecker der Gesetze gibt, vor denen alle gleich seien. Willkürherrschaft im Sinne des alten Feudalregimes weist er scheinbar von sich – seine Herrschaftslegitimation soll das Gesetz sein.

LITERATUR

Zitierte Ausgaben:

Um mit verschiedenen Ausgaben arbeiten zu können, wird nach Versen zitiert, die in der Regel bei allen *Homburg*-Ausgaben ausgewiesen sind. Textgrundlage dieser Erläuterung sind der Band des Hamburger Lesehefte Verlags und der Band des Reclam Verlags, in dem das Widmungsgedicht enthalten ist:

Heinrich von Kleist: *Prinz Friedrich von Homburg. Ein Schauspiel.* Husum/Nordsee. Hamburger Lesehefte Verlag: 2010 (Hamburger Leseheft Nr. 41, Heftbearbeitung: F. Bruckner und K. Sternelle).

Heinrich von Kleist: *Prinz Friedrich von Homburg. Ein Schauspiel.* Anmerkungen von Bernd Hamacher. Stuttgart: Reclam, durchgesehene Ausgabe 2001 (RUB 178).

Primärliteratur:

Heinrich von Kleist: *Prinz Friedrich von Homburg. Ein Schauspiel.* Nach der Heidelberger Handschrift hrsg. von Richard Samuel unter Mitwirkung von Dorothea Coverlid. Berlin: Erich Schmidt Verlag, 1964.

Heinrich von Kleist: *Sämtliche Werke und Briefe.* Hrsg. von Ilse-Marie Barth, Klaus Müller-Salget, Stefan Ormanns und Hinrich C. Seeba. 4 Bände. Frankfurt am Main: Deutscher Klassiker Verlag, 1987–1997.

Lernhilfen und Kommentare für Schülerinnen und Schüler:

Hamacher, Bernd: *Heinrich von Kleist. Prinz Friedrich von Homburg*. Stuttgart: Reclam, 1999 (Erläuterungen und Dokumente, RUB 8147).

Sekundärliteratur:

Atkins, Stuart: *Heinrich von Kleist and the fine arts – Kleist and Bury, or Kleist and Lethière?* In: German Life and Letters. New Series 31/1978, S. 166–174.

Beißner, Friedrich: *Unvorgreifliche Gedanken über den Sprachrhythmus*. In: Festschrift. Paul Kluckhohn und Hermann Schneider gewidmet zu ihrem 60. Geburtstag. Tübingen: Mohr, 1948, S. 427–444.

Busch, Rolf: *Imperialistische und faschistische Kleist-Rezeption 1890–1945. Eine ideologiekritische Untersuchung*. Frankfurt am Main: Akademische Verlagsgesellschaft, 1974.

Goldammer, Peter (Hrsg.): *Schriftsteller über Kleist. Eine Dokumentation*. Berlin und Weimar: Aufbau, 1976 → Auswahl von Texten anderer Schriftsteller über Kleist aus dem 19. und 20. Jahrhundert.

Grathoff, Dirk: *Heinrich von Kleist und Napoleon Bonaparte, der Furor Teutonicus und die ferne Revolution*. In: Gerhard Neumann (Hrsg.): Heinrich von Kleist. Kriegsfall – Rechtsfall – Sündenfall. Freiburg im Breisgau: Rombach, 1994, S. 31–59 → Studie zum zeitgeschichtlichen Gehalt des Dramas.

Häker, Horst: *Kleists Berliner Aufenthalte. Ein biografischer Beitrag*. Berlin: Haude und Spener, 1989.

Horn, Peter: *„… sich träumend, seiner eignen Nachwelt gleich …". Verhinderte Tragik im Traum des Prinzen Friedrich von Homburg von seinem postumen Ruhm*. In: Kleist-Jahrbuch 1992, S. 126–139.

Kluge, Gerhard: *Die misslungene Apotheose des Prinzen von Homburg*. Neophilologus 82/1998, S. 279–290.

Kraft, Herbert: *Kleist. Leben und Werk*. Münster: Aschendorff, 2007 → Biografie mit knappen, aber treffenden Werkinterpretationen.

Leistner, Bernd: *Spielraum des Poetischen. Goethe. Schiller. Kleist. Heine*. Berlin und Weimar: Aufbau, 2. Aufl. 1989 → Kleist-Interpretation aus Sicht der DDR-Germanistik.

Lukács, Georg: *Werke*. Hrsg. von Franz Benseler. Bd. 7: Deutsche Literatur in zwei Jahrhunderten. Neuwied und Berlin: Luchterhand, 1964.

Mayer, Hans: *Heinrich von Kleist. Der geschichtliche Augenblick*. Pfullingen: Neske, 1962.

Mommsen, Katharina: *Kleists Kampf mit Goethe*. Frankfurt am Main: Suhrkamp, 1979 → Biographische Werkinterpretationen vor dem Hintergrund von Kleists Konkurrenz mit Goethe.

Müller-Seidel, Walter: *Kleist. Prinz Friedrich von Homburg*. In: Benno von Wiese (Hrsg.): Das deutsche Drama. Vom Barock bis zur Gegenwart. Interpretationen. Bd. 1. Düsseldorf: Bagel, 1958, S. 385–404.

Schmidt, Jochen: *Heinrich von Kleist. Studien zu seiner poetischen Verfahrensweise*. Tübingen: Niemeyer, 1974.

Sembdner, Helmut (Hrsg.): *Heinrich von Kleists Lebensspuren. Dokumente und Berichte der Zeitgenossen*. München: Hanser, 7. Aufl. 1996.

Sembdner, Helmut (Hrsg.): *Heinrich von Kleists Nachruhm. Eine Wirkungsgeschichte in Dokumenten*. München: Hanser, 4. Aufl. 1996.

Ueding, Gert: *Klassik und Romantik. Deutsche Literatur im Zeitalter der Französischen Revolution 1789–1815*. München/Wien: Hanser, 1987 (Hansers Sozialgeschichte der deutschen Literatur vom 16. Jahrhundert bis zur Gegenwart 4).

Wiese, Benno von: *Die deutsche Tragödie von Lessing bis Hebbel*. Bd. 2: Tragödie und Nihilismus. Hamburg: Hoffmann und Campe, 1948.

Wolff, Hans M.: *Heinrich von Kleist. Die Geschichte seines Schaffens.* Berkeley/Los Angeles: University of California, 1954.

Sonstige Literatur:

Brecht, Bertolt: *Gesammelte Gedichte. Bd. 2. Frankfurt am Main: Suhrkamp, 1976.*

Fichte, Johann Gottlieb: *Werke. Auswahl in sechs Bänden*. Hrsg. von Fritz Medicus. Bd. 3: Schriften von 1797–1801. Leipzig: Felix Meiner, 1910.

Freytag, Gustav: *Die Technik des Dramas*. Leipzig: Hirzel, 1863.

Friederike Sophie Wilhelmine (Schwester Friedrichs des Großen) Markgräfin von Bayreuth: *Denkwürdigkeiten aus dem Leben der Königl. Preußischen Prinzessin vom Jahr 1709 bis 1733*. Tübingen: Cotta, 1810.

Friedrich der Große: *Werke*. In deutscher Übersetzung. Hrsg. von Gustav Berthold Volz. 10 Bände. Berlin: Hobbing, 1912 f.

Goethe, Johann Wolfgang: *Sämtliche Werke. Briefe, Tagebücher und Gespräche*. Hrsg. von Dieter Borchmeyer u. a. 40 Bände. Frankfurt am Main: Deutscher Klassiker Verlag, 1985 ff.

Homer: *Odyssee*. Griechisch und deutsch. Übertragen von Anton Weiher. München: Heimeran, 3. Aufl. 1967.

Jean Paul: *Werke*. Bd. 2: Siebenkäs. Flegeljahre. Hrsg. von Gustav Lohmann. München: Hanser, 1959.

Kant, Immanuel: *Gesammelte Schriften*. Hrsg. von der Königlich Preußischen Akademie der Wissenschaften, Abt. I: Werke, Bd. 6, Berlin: Reimer, 1914.

Klopstock, Friedrich Gottlieb: *Sämtliche Werke*. 10 Bände. Leipzig: Göschen, 1854 f.

Lessing, Gotthold Ephraim: *Werke und Briefe in zwölf Bänden*. Hrsg. von Wilfried Barner u. a., Bd. 9: Werke 1778–1780. Hrsg. von Klaus Bohnen und Arno Schilson. Frankfurt am Main: Deutscher Klassiker Verlag, 1993.

Müller, Adam H.: *Die Elemente der Staatskunst*. Hrsg. von Jakob Baxa. Bd. 1. Jena: Gustav Fischer, 1922.

Novalis: *Schriften. Die Werke Friedrich von Hardenbergs*. Hrsg. von Paul Kluckhohn und Richard Samuel. Darmstadt: Wissenschaftliche Buchgesellschaft, 3. Aufl. 1977 ff.

Schiller, Friedrich: *Werke. Nationalausgabe*. Begr. Von Julius Petersen. Fortgef. von Lieselotte Blumenthal und Benno von Wiese. Hrsg. im Auftrag der Stiftung Weimarer Klassik und des Schiller-Nationalmuseums in Marbach von Norbert Oellers und Siegfried Seidel. 42 Bände. Weimar: Böhlau, 1943 ff.

Vergil: *Aeneis*. Lateinisch – deutsch. Hrsg. von Johannes Götte. München: Heimeran, 4. Aufl. 1979.

Vergil: *Landleben. Bucolica. Georgica. Catalepton*. Hrsg. von Johannes und Maria Götte. Lateinisch und deutsch. München: Heimeran, Neuausgabe 1970.

Wilpert, Gero von: Sachwörterbuch der Literatur. Stuttgart: Kröner, 7. Aufl. 1989 (Kröners Taschenausgabe Bd. 231).

STICHWORTVERZEICHNIS